Val Dayre

Cor
d'un fantom

Médium

11 rue de Sèvres, Paris 6e

Du même auteur à *l'école des loisirs*

Dans la collection MÉDIUM

Les nouveaux malheurs de Sophie
Je veux voir Marcos
Le jour où on a mangé l'écrivain
Sale gamine

Dans la collection NEUF

C'est la vie, Lili
Miranda s'en va

Première édition, « Le pas des fantômes »
dans la collection Cascade (Rageot)
Loi n° 49.956 du 16 juillet 1949 sur les publications
destinées à la jeunesse : septembre 2002
Dépôt légal : juillet 2005
Imprimé en France par la Société Nouvelle Firmin-Didot
au Mesnil-sur-l'Estrée (74531)

« Vois-tu, Petit Morgat,
la jeunesse est parfois difficile à porter
quand elle revient surprendre
l'homme à son déclin. »

PIERRE MAC ORLAN
(*L'Ancre de Miséricorde*)

Un jour, peut-être, je reviendrai à Quatre-Rives, lorsque le temps aura fait son œuvre, quand il aura éteint les amours mortes comme les haines vives.

Les deux rivières qui s'épousent au creux de la vallée, lors des crues printanières, n'arracheront plus aucun débris aux décombres des bâtiments, fossilisés dans une cendre devenue dure comme roche. L'incendie, achevant la dégradation du site, aura refait du vallon une terre vierge où pousseront les troncs graciles, dolents encore, d'arbres futurs. Et je m'étonnerai du vert si clair, du brun si chaud, des premiers jaillissements de ce renouveau.

Ce fut dans un brasier que se termina l'histoire qui va suivre.

Le souffle du feu a fermé la porte que j'avais laissée entrebâillée sur mon enfance.

Les flammes ont dévoré mes illusions d'adolescent.

De mon rêve reste peut-être un prénom féminin gravé au plus secret d'un arbre de Quatre-Rives, ou une initiale inscrite sur un rocher de la lande.

1

J'avais quinze ans lorsque j'arrivai à Quatre-Rives.

C'était le début de l'été.

Le jour de la sortie des classes, au lieu de la voiture habituelle, une longue limousine noire était venue me chercher au pensionnat.

Un télégramme de mes parents m'avait prévenu, la veille : *« Impossible venir. Retenus pour l'été. Pardon. T'aimons. »*

J'avais une certaine habitude de ces rendez-vous manqués ou annulés, habitude avec laquelle ne rimait pas forcément amertume. Cependant, j'avais tout de suite été intrigué par l'homme assis à ma gauche sur la banquette du véhicule silencieux.

Il n'avait prononcé pour m'accueillir que les mots indispensables, déclinant son identité et me demandant si mes affaires étaient prêtes.

Quand j'écris que je n'étais pas peiné de n'avoir pas vu mes parents à la sortie du pensionnat, ce n'est pas tout à fait exact. Disons qu'ils m'avaient accoutumé à compter sur eux selon d'autres modalités que celles qui lient ordinairement les enfants à leurs géniteurs. Ainsi me retrouvais-je fréquemment, le temps des vacances, aux prises avec des tantes Bérénice, oncles Fabien et autres grandes cousines Jo. J'avais ouï dire, dans certains salons, à l'heure où l'on croit les enfants endormis simplement parce qu'ils se sont faits tout petits, que cette autonomie accusait ma maturité.

Pour l'heure, au-delà de la déception qu'une nuit au sommeil morcelé, une nuit de rancune sourde, avait partiellement épuisée, j'étais décidé à faire grise mine à ce lointain parent auquel on me collait soudain. Comme lui-même ne semblait ni bavard ni heureux de cette découverte d'un petit cousin dont il allait avoir la charge, nous nous étions salués sans effusion et continuions à nous considérer en étrangers nullement curieux l'un de l'autre.

Tandis que la limousine m'entraînait je ne savais où, je demeurai recroquevillé dans l'angle de la portière. Mon regard allait des vitres fumées au dos immobile du chauffeur, et j'évitais de le tourner vers le grand cousin Troël-Pym. La seule fois où je risquai un œil dans sa direction, je m'aperçus qu'il lisait un journal.

Non seulement je le rencontrais pour la première fois mais je n'avais jamais entendu parler de lui. Soit étrange volonté parentale consécutive à de vieilles histoires de famille dont je ne connaîtrai jamais le fin mot, soit effet du hasard ou de la négligence, je n'avais appris le nom et l'existence d'Édouard Troël-Pym que la veille, lorsque le directeur du pensionnat me l'avait sorti, comme un lapin d'un chapeau, pour m'annoncer que l'*on* me confiait à lui le temps d'un été.

Quand il se montra, il était donc pour moi un presque parfait étranger. À voir le carrosse moderne dans lequel nous nous installâmes, je le supposai fort riche. La teinte argentée de ses cheveux démentait l'aspect lisse, marqué mais non pas vieux de son visage. Longue jusqu'au creux d'un dos qu'il avait large, sa crinière grise était bizarrement rassemblée dans un catogan sur la nuque – coiffure qui accentuait son profil aigu de pirate et poussait à lui prêter la fantaisie discrète des êtres qui s'accordent leur propre estime avant d'attendre celle d'autrui.

Le silence ouaté de la limousine, le silence ostensible de mon voisin, ajouté à celui qui avait jusqu'alors pour moi entouré son existence, le silence de la route et des contrées que nous traversions ne m'invitaient pas tout à fait au sommeil, mais à cette léthargie où se love le corps quand l'esprit rechigne à fonctionner.

Édouard Troël-Pym m'avait tout de suite sinon intimidé du moins fortement impressionné. Il ne ressemblait en rien aux tantes Bérénice, oncles Fabien et autres cousines Jo dont il est facile de dresser un portrait un peu appuyé et qui porte à rire.

Je crois m'être méfié sur-le-champ, parce qu'il avait des yeux de glace.

Nous roulâmes pendant des heures.

Longtemps la route fila droit, puis le véhicule aborda une côte en lacets, passa un col, redescendit dans une succession de tournants plus larges. Le ciel avait des bassesses noires, des lourdeurs nuageuses et rondes, étranges pour un début juillet.

Les temps lourds, les prémices d'automne qui surgissent au beau milieu de l'été me rappelleront toujours Quatre-Rives.

Je m'abîmai dans la rêverie, et ce qui commença alors conservera à jamais pour moi des allures de songe.

Le paysage où nous nous trouvions ne m'était en rien familier. C'étaient des élancements de rochers gris et d'arbres avides de boire à l'azur: de ces paysages qui vont droit au cœur, comme une musique, une phrase, un visage qui touche trop fort, sans qu'on sache pourquoi.

Tout à coup tiré de ma torpeur, je distinguai derrière la vitre les ombres d'un flanc de montagne qui trempaient leur noirceur dans une vallée éteinte bien avant la mort du jour.

Nous roulions sur la hauteur en regard de celle qui épanchait ainsi ses ténèbres. Nous avions atteint une sorte de plateau, pareil au plateau parallèle dont nous séparait la vallée encaissée.

La route avait repris des airs de largesse et de rectitude relative au milieu d'une lande qui paraissait l'écho atténué de la nature telle qu'elle se déployait plus bas dans les creux et les gorges. Il y avait toujours des rochers gris, mais qui ne se dressaient plus vers le ciel. Leurs arêtes s'adoucissaient comme si les vents les avaient depuis des siècles érodées, domestiquées par la violence de leur souffle ; les arbres avaient cédé la place aux arbustes et buissons épineux. Effet des vents, encore, auxquels ne résistait que cette végétation rêche, tapie contre le sein d'une terre avare.

Tout de suite, j'aimai l'aridité venteuse et désolée de cette contrée.

– Nous sommes bientôt arrivés, prononça la voix grave d'Édouard Troël-Pym.

Je me tournai vers lui. Le journal avait disparu. Troël-Pym me regardait ; je détaillai pour la première fois son visage étroit et long aux lignes verticales dérangées par la saillie des pommettes et le creux des joues, son front haut sur lequel ne s'aventurait pas un seul des cheveux tirés en arrière ; il avait les yeux clairs, de cette clarté dont on hésite à qualifier la couleur tant elle paraît surtout composée de transparence, à peine mouchetée. Le noir des cils accentuait désagréablement cette incertitude chromatique de l'iris. À deviner le furtif sourire qui passa sur une bouche qu'il avait grande et fine, je songeai qu'il devait être accoutumé à ce que l'état de sa pupille, dans ce halo à la teinte trop pâle, provoquât un trouble, sinon un malaise, chez l'interlocuteur.

– Arrivés où ? demandai-je.

– Dans ma propriété, à Quatre-Rives.

J'avais à présent sous les yeux un paysage de plus faible altitude, encaissé, tourmenté, où les rochers d'un gris sec immuable disputaient à une végétation sylvestre plus offensive un territoire de secrète sauvagerie et de solitude.

Je n'apercevais plus la vallée noire entrevue tout à l'heure.

La limousine s'immobilisa devant une grille haute, un peu rouillée, me sembla-t-il impression d'abandon qui me fut confirmée par le grincement qui en accompagna l'ouverture quand le chauffeur descendu de voiture alla pousser les deux battants.

– Nous voici à Quatre-Rives, répéta inutilement Édouard Troël-Pym.

Impression encore, ou y avait-il eu dans sa voix ce trop d'indifférence destiné à voiler une émotion ? Sur le coup, je me dis qu'il n'aimait pas sa demeure, même qu'il la détestait. Je ne sais toujours pas aujourd'hui quels sentiments le liaient à Quatre-Rives au-delà d'un attachement conformiste à la « maison de famille ».

Devant la voiture s'ouvrait une allée ombreuse qui, plus loin, se perdait dans une courbe.

Le soleil bas jetait entre les troncs des arbres de sanglantes lueurs obliques, des éclats de rubis qui traversaient la transparence nacrée, veinée de sève, des feuillages.

Je tournai vers «mon oncle», comme je finirais par l'appeler, un regard interrogatif.

Les yeux d'Édouard Troël-Pym ne se dérobèrent pas mais ils m'apparurent plus mats, plus opaques. Et quand, un instant après, ils finirent par s'échapper vers le secret des futaies qui allaient s'épaississant au-delà de l'allée rectiligne, je m'imaginai que les iris grisés cherchaient un détail qu'eux seuls pouvaient entrevoir.

Des mois, des années après, j'ai pensé avoir inventé beaucoup de choses sur cet homme étrange dès les premières heures où je le côtoyai. J'ai déjà évoqué son profil de pirate, il en avait aussi la personnalité impénétrable, imprévisible. Inquiétante.

– Des gens vivent ici quand vous êtes absent? questionnai-je.

– Seulement les domestiques. La gouvernante et son mari, qui font un peu tout dans la maison, et le jardinier. Celui-là habite une petite maison plus loin, près de la serre.

Il garda les yeux fixés sur les bois tandis que la voiture s'engageait dans l'allée, lentement, comme si elle n'osait troubler le silence et l'immobilité à l'entour.

– Ils sont vieux, tous les trois?

– C'est ce que tu penseras, répondit Troël-Pym en me regardant enfin pour m'adresser un léger sourire. Ils sont un peu plus âgés que moi. Ils ont travaillé toute leur vie pour ma famille. Si tu espères des compagnons de ton âge, tu risques de déchanter.

– Il n'y a pas un village à proximité?

Ma voix était sortie un peu étranglée.

– Juste quelques fermes isolées sur le plateau. Et ne compte pas sur l'été pour déverser ici son flot de touristes. La région a été oubliée dans les guides de voyage.

– Où sommes-nous, exactement?

Il m'aurait répondu «nulle part» en me fouillant de ses yeux sans couleur, je n'aurais pas été étonné.

– Loin de tout, fit-il seulement (et ces mots sonnèrent comme le «nulle part» que je redoutais). En cherchant bien, tu trouveras un point sur les cartes, peut-être un nom écrit en caractères minuscules…

– Quatre-Rives ?

– Quatre-Rives n'est que le nom de la maison. Deux petites rivières encadrent la propriété, dévalant de sources situées sous le plateau. Ces ruisseaux se rejoignent dans la vallée, plus bas, pour former l'affluent d'une rivière plus importante qui, elle, a son nom sur les cartes.

– Et… dans la vallée, en bas… il n'y a rien ?

– Il n'y a plus rien. Que des vestiges.

J'entendis d'abord « vertiges » mais compris aussitôt mon erreur. Le mot resta à flotter un instant entre nous, suspendu.

– Je ne te conseille pas d'aller te promener dans la vallée. C'est loin par la route, dangereux par le sentier. Tu resteras dans le parc. Il y a suffisamment à explorer.

La voiture prit le tournant, et je vis le manoir.

Il se dressait au bout du chemin, lointain et froid dans la grisaille de sa façade.

Le gris de la pierre, malgré l'étonnante verdeur du parc, rappelait l'allure harassée du plateau que nous avions traversé un moment plus tôt. La prétention des multiples tourelles et clochetons, celle de la marquise qui coiffait le porche, et la brillance de la verrière, ne gommaient pas l'air de désolation qui enserrait la demeure comme en un réseau de fissures secrètes.

Et je les vis aussi, les domestiques, qui arrivaient l'un d'une allée, les deux autres de la maison, et se rangeaient au bas du perron. Le personnel venait accueillir le maître ! J'oubliai de trouver amusant ce respect d'un rituel plutôt désuet.

Les yeux de Troël-Pym dardés sur moi brillèrent d'une lueur moqueuse.

– J'espère que tu as du goût pour la solitude ! lâcha-t-il en guise de conclusion à notre première discussion.

La limousine avait contourné un rond de pelouse.

Elle s'arrêta devant le perron du manoir.

2

Qu'ils m'apparurent perdus loin dans le temps, hors du temps, cette femme et ces deux hommes qui attendaient au bas du perron, en rang ! Qu'ils paraissaient loin du monde et de ses tressautements, loin de la ville et des bruits d'où je venais, loin d'une réalité qui semblait n'avoir plus prise sur eux, avec leur allure de gravure ancienne et d'image de film, leur air d'éternité paisiblement consentie.

Ils devaient pourtant avoir à peine soixante ans, une dizaine d'années de plus que Troël-Pym. Dans les yeux noirs de la femme, je remarquai un rire qui rompait heureusement avec la mise en rang un peu servile. Je crois que ce fut ce rire, ce sourire des yeux qui me fit penser, malgré les paroles de mon oncle, que Quatre-Rives pouvait s'avérer vivable.

Je m'éloignai un peu tandis que mon oncle s'entretenait avec les gens de la maison. On se dit bonjour. La femme se prénommait Muriel, son mari Paul, le jardinier Louis. Le coffre de la limousine claqua et le chauffeur déposa mes affaires sur le perron. Troël-Pym n'avait pas de bagage. Ils entrèrent tous dans la maison, je suivis.

Muriel avait à faire en cuisine, Troël-Pym devait s'entretenir avec le jardinier; je me retrouvai avec Paul qui fut chargé de me montrer ma chambre. J'avais deux sacs, nous en prîmes chacun un et je lui emboîtai le pas dans l'escalier.

Au premier étage, le palier se transformait en couloir mal éclairé dès qu'il quittait la percée de lumière venue du hall d'entrée.

J'inventoriai un tableau, une porte, un guéridon avec un bouquet de fleurs séchées, une porte, un portrait, une autre porte, un autre portrait. Il se dégageait de ce décor une impression d'endormissement.

Le couloir ressemblait assez à celui de la tante Bérénice, en dix fois plus grand – les proportions ayant crû du pavillon de banlieue au manoir campagnard. Et au lieu de la croûte représentant un petit port breton résistant à une mer déchaînée, sertie de son cadre doré qui avait accepté qu'on y coinçât la photo du teckel défunt – teckel que Bérénice avait chéri au point de lui permettre de cacher *ad vitam aeternam* la jetée bretonne assaillie par les flots – au lieu de cette croûte donc, c'étaient à Quatre-Rives les portraits hauts de deux mètres, et en pied, de quelques dignes hommes mûrs en habits de fin du XIXe siècle ou de l'entre-deux-guerres, une main à la montre-gousset et l'autre fermement posée sur le dossier carmin d'un canapé.

– Vous regardez les portraits, constata Paul qui m'avait vu marquer un arrêt devant les austères figures noyées d'ombres.

– Qui est-ce ?

– Monsieur Édouard Troël-Pym.

– Monsi… ? Je ne le reconnais pas, dis-je bêtement.

L'idée qu'un être vivant, que je venais de quitter en chair et en os, ait ainsi son portrait dans le couloir d'une maison de famille m'apparaissait comme une aberration.

– Je veux dire les trois Édouard Troël-Pym qui ont précédé le nôtre, précisa Paul.

– Ah… Parce qu'ils s'appelaient tous Édouard?

– De père en fils depuis 1850. Monsieur est le quatrième du nom.

– S'il n'a pas fait faux bond, j'aimerais bien voir la tête du cinquième.

Sans doute fis-je preuve de timidité pour lancer cette plaisanterie et la murmurai-je trop bas, car Paul n'y répondit pas. Il ne parut même pas avoir compris que j'avais parlé. Je me dis qu'il était peut-être frappé d'un début de surdité.

La chambre qui m'était destinée occupait un angle du manoir. Elle était grande, et claire car le jour y entrait par trois fenêtres.

– Deux au sud, une à l'est, dit Paul. Vous aurez beaucoup de lumière, mais pas de levers de soleil, même si vous les aimez. Le soleil se lève là-haut, derrière la montagne.

– Sur la lande ?

– Sur la lande. Il y a des volets, continuait-il.

Il vaquait dans la pièce, cherchant à vérifier des détails invisibles pour moi, mais chaque geste qu'il esquissait, pour corriger le pli d'un rideau, déplacer un bibelot, s'arrêtait avant son but, comme si sa main lui en démontrait l'inutilité. Alors, il la laissait retomber le long de sa cuisse, et on ne savait pas, d'elle ou de lui, lequel était le plus découragé.

– Si la lueur de la nuit... pardon : de la lune et des étoiles ! parce qu'ici nous n'avons pas les éclairages de la ville, si la lueur de la lune vous dérange, n'hésitez pas à fermer les volets. Je vous montre, c'est simple...

– Je trouverai tout seul, je vous remercie.

Il revint de la fenêtre, désemparé.

– Avec le point du jour qui arrive très tôt en ce moment, vous risquez d'être réveillé.

– Non, je dors comme un loir.

Un vague sourire passa sur le visage de Paul, visage qu'il avait très rond, et avec cette clarté enfantine que donnent parfois les yeux bleus, même aux hommes d'un certain âge.

– Romain non plus ne fermait jamais les volets, murmura-t-il comme si des pensées n'appartenant qu'à lui seul étaient venues le chercher de très loin.

– Romain ? répétai-je.

J'eus l'impression de l'avoir secoué et réveillé.

– J'ai dit Romain ? fit-il sans que je puisse déterminer si son interrogation était sincère ou s'il cherchait à gagner du temps.

Son regard se déroba.

– Qui est-ce ? insistai-je.

J'étais intrigué par cette gêne manifeste qui succédait à la note nostalgique qu'avait prise sa voix pour prononcer ce prénom.

– C'est... C'était un jeune homme... comme vous... Un peu comme vous, redit-il d'une voix plate.

– M. Troël-Pym prend souvent des petits cousins en pension ? essayai-je de plaisanter.

– Non, non, ce n'est pas ce que je voulais dire.

– Ce Romain n'est pas de sa famille ?

– Je ne me rappelle pas très bien.

Trouvant cet accès d'amnésie curieux, je renonçai à poser d'autres questions et reparlai de la chambre.

– La plus plaisante du manoir, s'empressa de renchérir Paul. Ici, sur votre droite, vous avez votre salle de bains personnelle. Et là, les placards. M. Troël-Pym a demandé qu'on libère les étagères. Au cas où vous auriez envie d'y ranger vos propres affaires, ou des livres... Évidemment, la bibliothèque au rez-de-chaussée est à votre disposition.

Je hochai la tête. J'avais hâte qu'il me laisse.

– J'espère que le séjour à Quatre-Rives vous sera agréable, reprit-il.

– Je vous remercie, monsieur...

– Paul. Dites Paul, simplement.

À pas mesurés, il se dirigea vers la porte.

– Quand Monsieur est là, et s'il ne donne pas d'ordre contraire, le dîner est servi à huit heures.

C'était dans une demi-heure.

Seul, j'enlevai ma veste et me jetai sur le lit.

La quiétude de Quatre-Rives était trop pareille à l'idée que je me faisais de la mort, trop pareille à la sensation que j'avais que la vie, toujours, se déroulait ailleurs, là où je n'étais pas.

J'eus une bouffée de nostalgie pour le tourbillon dans lequel m'auraient entraîné mes parents s'ils n'avaient pas été retenus à l'autre bout du monde, la maison que nous aurions louée à la dernière minute, les aéroports, les hôtels, les restaurants : la grande vie, dans laquelle ils m'acceptaient parfois, et que je confondais alors avec la vraie vie.

Je me relevai, ouvris grand les trois fenêtres. L'air tiède d'une fin d'après-midi de plein été entra avec ses parfums forts, ses brises lentes épicées de thym et de promesses. C'est une heure où j'ai toujours aimé vivre, avant la nuit. Pourtant, je fus pris d'un de ces vagues à l'âme tout bruissants de choses innommables et qui font redouter la venue du soir.

Je fis quelques pas autour de la chambre. Les murs avaient la douceur des lambris patinés, les meubles la discrétion des vieux objets qui ont vécu plusieurs vies et s'apprêtent à en aborder de nouvelles. De biais par rapport à l'angle qu'éclaboussaient de lumière les fenêtres, se trouvait un bureau, large, trapu, avec un dessus de cuir au carmin usé qui supportait une lampe au pied de verre sombre et un plumier vide. Envisageant vaguement de commencer une lettre à mes parents, je m'assis au bureau, ouvris machinalement les tiroirs un à un. Ils étaient vides, avec quelques grains de poussière tapis aux jointures des planches.

Le dernier, celui de la rangée de gauche, en bas, résista. Non pas d'une résistance nette mais il ne coulissait pas. Il fallait tirer très fort. Ce que je fis. Puis, l'ayant complètement ôté, je l'examinai pour tenter de découvrir quel défaut du bois l'avait bloqué dans son logement. Rien, apparemment. Je m'apprêtais à remettre le tiroir en place quand mes doigts rencontrèrent une rugosité à l'extérieur de la planche verticale du fond. Je regardai.

En grosses lettres creusées dans le bois dur, au couteau sans doute, était écrit un prénom: MARIANNE.

Je souris en reconnaissant la facture particulière des graveurs amoureux qui hurlent leur secret aux tables de classe.

Mais l'étrange était la place de cette inscription, si bien cachée.

Pensif, avant de glisser le tiroir sur les rails, je jetai un œil dans la pénombre du logement pour trouver ce qui faisait obstacle.

Un rectangle blanc, épais, se détachait sur la droite de la case. Je tendis la main pour le saisir, dus tirer. C'était une liasse de quelques feuillets pliés en quatre, et qu'on avait, bizarrement, collée sur la planche latérale du logement.

Assis sur le tapis, j'entrepris de déplier les feuilles. Je ne me hâtais pas.

Soudain, des pas retentirent dans le couloir.

Sans réfléchir, je m'empressai de remettre le tiroir en place – cette fois, il glissa sans problème. Je me remis debout et cachai les feuilles mystérieuses dans la poche de mon pantalon.

Il était temps. On frappait à la porte.

– Oui?

Devais-je aller ouvrir?

Je n'eus pas à m'interroger longtemps. La main sur la poignée, Édouard Troël-Pym apparut.

– Tout va bien? lança-t-il comme on s'acquitte d'une formalité.

– Très bien.

– Ta chambre te convient?

– Elle est agréable.

– Tu n'as pas encore défait tes bagages?

– Non, je... je regardais le parc.

– Tu auras bien le temps. Change-toi, tu es tout fripé.

Lui avait troqué son costume gris d'homme d'affaires contre un pantalon de toile claire et une chemise vert d'eau. Sa prestance et la jeunesse de son allure n'en étaient que plus manifestes. On aurait dit une gravure de mode. Le don juan mûr des publicités pour parfums chers ou alcools forts qui séduit la fille entre un feu de cheminée, un verre de fine, un grand chien paisible à la robe moirée et deux éclairs d'orage.

Il était très étrange et sans doute très beau, avec des yeux qui avaient pris des tons verts maintenant. Pourtant, je me souviens m'être étonné dès cet instant de sentir la méfiance prédominer en moi.

En même temps, j'aimais bien sa brusquerie parfois narquoise à la limite d'une cruauté sourde dont les raisons m'échappaient. Il se savait tranchant et tenait à se montrer tel.

– Nous dînons dans trois minutes, m'annonça-t-il. Ne sois pas en retard. La salle à manger est en bas de l'escalier à gauche.

– Je n'ai pas très faim, m'entendis-je claironner.

L'envie m'avait pris soudain de le contredire. À moins que je n'aie eu la velléité de ne pas quitter ma chambre ce premier soir.

– À ton âge on a toujours faim, et quoi que tu penses de ta présence ici, j'entends que tu fasses quelques efforts, au moins quand je serai là. J'en fais bien, moi.

La porte se referma. J'avais chaud au visage comme si on venait de me gifler. Et je détestai Édouard Troël-Pym, quatrième du nom.

Sans guère penser à ce que je faisais, je me changeai. Au moment où j'allais jeter mon pantalon sur une chaise, je sentis sous mes doigts le carré dur des feuilles de papier pliées. Je m'empressai de le repêcher, l'ouvris. Je découvris une écriture à l'encre bleue, petite, serrée mais déliée et régulière.

La première phrase me sauta aux yeux, me serra le cœur et le ventre.

Je sais maintenant ce qu'est l'amour et je t'emporte en moi pour toujours, ma princesse du fond de la vallée, mon amoureuse de la ville des autres...

Quelque part dans le manoir, huit heures sonnèrent à une horloge grave. Je repliai la lettre, cherchai où la cacher, à défaut de mieux l'enfouis sous l'oreiller puis arrangeai le dessus de lit que j'avais bousculé et me ruai hors de la chambre.

3

Dès ma première nuit à Quatre-Rives, je surpris le pas autour de la maison ; si léger fût-il, mon ouïe le distingua entre tous les autres bruits, comme si je l'avais attendu.

Dans la solitude de la nuit que protégeaient les chants des grillons ne brillaient plus au manoir que quelques lueurs, enserrées par les cadres des fenêtres. C'étaient des rectangles jaunes qui allaient s'inscrire, pâles, découpés par les ombres des croisées, sur la pelouse du parc.

Il est venu comme ça, le pas.

Aux abords des futaies, là où commence un certain fouillis que le jardinier délaisse au profit des parterres de fleurs qui bordent les allées. Aux abords des futaies les bêtes minuscules se sont immobilisées au son du pas furtif. C'est comme un ordre de silence qui a couru depuis le fond des bois.

Le pas a traversé toute la propriété, de son rythme lent mais régulier, en pas habitué à la marche nocturne, habitué aux irrégularités de la terre, habitué à un chemin que lui seul connaît. Il n'y a pas de chien de garde pour le trahir et le traquer, le pas le sait. Ça le rend calme, occupé seulement de son avance attentive aux pièges de la nuit. C'est un pas qui sait le silence qui le précède et qui progresse vers ce silence comme on entre dans le mystère, comme on l'épouse. Voilà longtemps qu'il a apprivoisé la terre molle ou dure, les tapis de feuilles mortes qu'il a appris à ne pas faire crisser plus qu'une biche.

C'est un pas, quand on l'entend on voudrait le suivre.

Il est arrivé montant de la vallée, par le nord, là où le sol est toujours plus dur, plus froid; il a contourné, de loin, le manoir.

« Tiens... » se dit le pas devant les fenêtres éclairées de la face sud.

Et pendant un long moment il ne bouge plus. Il a oublié qu'il était le pas, qu'il avait à marcher et passer son chemin. C'est un pas qui sait l'attente et le guet, voilà pourquoi il est léger. Les vies minuscules ont recommencé leur raffut. Déjà si longtemps qu'il n'a bougé ?

La nuit aussi va son chemin, à son pas.

Soudain, l'un des reflets jaunes sur la pelouse s'est obscurci. Une silhouette s'y découpe, celle d'un jeune homme, et le pas se met à trembler.

J'ai ouvert la fenêtre, je pose les mains sur le rebord de pierre et me penche. J'ai entendu le pas et le cherche dans le noir.

Le pas s'émeut, recule, vacille. La forêt l'accueille, où il s'enfuit et va se perdre.

Je me penchai davantage à la fenêtre, même en sachant que la nuit qui avait repris son chant ne me livrerait rien.

Sur ma gauche, je distinguai d'autres reflets de fenêtres, symétriques aux miennes. Il s'agissait sans doute de la chambre d'Édouard Troël-Pym : deux rectangles, orientés plein sud eux aussi. Il était impossible de veiller sans le faire savoir à toute la maison. Ou alors, il fallait fermer les volets et étouffer.

Je revins dans la chambre.

Non, ce n'étaient pas les volets ni les lueurs des fenêtres ni le soupçon de la surveillance de mon oncle, ni même le pas, qui me mettaient dans cet état de nervosité. Mais la lettre trouvée dans sa cachette, pour laquelle j'avais, tout au long du dîner, eu hâte de regagner ma chambre.

Quand je m'étais enfin retrouvé seul, que les bruits de la maison avaient décru, j'avais osé redéplier les feuillets couverts d'une écriture serrée avec, parfois, des mots ou des bribes de phrases rayés si méthodiquement qu'ils étaient illisibles sous la rature.

Je sais maintenant ce qu'est l'amour et je t'emporte en moi pour toujours, ma princesse du fond de la vallée, mon amoureuse de la ville des autres. Tu vas sourire, mais j'ai eu peur à l'instant de te prendre dans mes bras, comme si tu allais t'effacer. Le miracle, c'est que tu ne te sois pas effa-

cée et que j'aie senti tes bras autour de moi, le miracle c'est que ta bouche donne les ivresses dont parlent les poètes, celles qui sont des «jouissances mieux que du vin».

Tu te cachais dans notre vallée déserte et je ne le savais pas. Si j'avais l'âge de croire encore aux fées, je penserais que tu en es une. Mais tu es bien mieux, bien plus que cela. Les fées n'ont ni chair ni chaleur, ni parfum, ni élan, ni ardeur, tout ce qui te fait vivante. Il y a des mots qui sont des caresses et que je n'ose pas écrire. Si on trouvait cette lettre. Tu la cacheras bien, dis?

Mon échappée de la ville morte, nous n'appartiendrons jamais à la vallée. Que le silence et le secret nous protègent.

Mon père me regarde curieusement depuis la fête. Comme s'il savait. Plus exactement, comme s'il soupçonnait quelque chose. Il a toujours été méfiant.

As-tu remarqué que ses yeux n'ont pas de vraie couleur?

Les miens sont clairs aussi, je crains qu'ils lui ressemblent. Le soupçon d'un regard sans couleur est plus lourd qu'un autre.

Il a une idée si précise de ce qu'il veut faire de moi que parfois cela m'effraie. Jusqu'à présent, j'ai toujours été le fils qu'il voulait avoir. L'ai-je été ou ai-je feint de l'être ?

Je te quitte, je l'entends qui marche dans le couloir.

R.

Trois fois, j'avais relu la lettre signée de cette seule initiale : R.

Je donnai immédiatement un prénom au rédacteur. Romain. J'ignorais qui il était, mais je savais grâce à l'étourderie de Paul (une étourderie ?) qu'il avait habité cette chambre.

Alors, me dis-je d'abord, si la lettre est là, encore, c'est qu'il ne l'a pas envoyée à sa destinataire.

Elle aussi avait d'ores et déjà un prénom, celui que j'avais découvert gravé au fond du tiroir : Marianne.

Ce fut tout de suite après avoir entendu le pas qui rôdait autour du manoir que je compris la raison des ratures : ces feuillets-là n'étaient qu'un brouillon.

Pourquoi un brouillon ?

Et pourquoi le conserver et, par conséquent, avoir à le cacher?

Dans l'excitation qui m'avait saisi, je ne sus qu'en penser. Néanmoins, j'en ressentais un malaise insidieux. Dû à mon indiscrétion?

J'ignorais encore que j'étais pris à un piège que personne ne m'avait volontairement tendu mais où j'allais m'enferrer à la façon d'une bête qui se meurtrit plus cruellement à mesure qu'elle tente de se libérer.

La nuit avançait et je ne parvenais pas à m'allonger pour dormir. Je décidai de remettre la lettre à sa place. J'avais l'esprit en feu, les yeux brûlants, les sens troublés.

Les étranges pesanteurs du manoir m'avaient-elles, si vite et sans se défendre, livré leur secret?

Je me laissai aller à imaginer Romain.

Comment était-il? Allait-il revenir bien qu'on m'ait laissé sa chambre? Et si je le rencontrais, oserais-je le regarder dans les yeux?

Pensant à lui, je m'étonnai vaguement de sentir naître au fond de moi, en même temps qu'une sympathie admirative, un agacement hargneux contre celui qui avait si mal caché cette lettre – ce brouillon! – contre un tiroir bloqué que le premier étranger venu pouvait ouvrir.

J'en conclus que la lettre n'était pas là depuis longtemps. Pourtant, en l'examinant mieux, je découvris un aspect jauni et une certaine mollesse au papier qui me firent hésiter à la dater.

Ces heures-là, de ma première nuit à Quatre-Rives, je ne voulus pas songer à celle que je supposais être Marianne. Je refusai farouchement d'écouter en moi les échos violents des noms et des mots dont Romain avait paré son amour.

Je me demandais où trouver de la colle pour fixer les feuilles à leur place (l'ancienne colle était sèche, évidemment), quand je crus percevoir le bruit d'une porte qui s'ouvrait. Puis, j'entendis des pas qui marchaient dans le couloir.

Je te quitte, je l'entends qui marche...

Il fallait cacher la lettre, de nouveau, comme je l'avais fait tout à l'heure, comme

Romain avait dû le faire après l'avoir brusquement terminée.

Mais la cacher où ? Maintenant que j'en connaissais le contenu, elle me semblait mille fois plus difficile à dissimuler.

Cette fois, on ne frappa pas.

La poignée tourna et la porte s'ouvrit comme toute seule.

Le couloir était noir.

J'étouffai un cri. Parce que j'eus l'impression de ne voir personne sur le seuil.

La lettre était restée dans mon poing refermé.

– Tu ne dors pas ?

C'était à peine une question. Je reconnus la voix d'Édouard Troël-Pym avant de distinguer sa silhouette dans l'obscurité du palier.

– Eh bien ? Qu'y a-t-il ? Tu es tout pâle.

– Vous m'avez fait peur.

– Excuse-moi. J'ai pensé que tu t'étais endormi en oubliant d'éteindre. Je venais le faire. Alors, je n'ai pas frappé pour ne pas te réveiller. Il est très tard.

As-tu remarqué que ses yeux n'ont pas de vraie couleur? Le soupçon d'un regard sans couleur est plus lourd qu'un autre.

Troël-Pym esquissa un sourire, sourire qui aiguisait ses traits et rendait son visage plus redoutable encore.

– Ne me crois pas indiscret, continua-t-il d'une voix qui essayait de se faire douce sans y parvenir. Mais nos chambres sont du même côté, et de mes fenêtres je vois les tiennes. Plus exactement, la lumière qui se reflète sur la pelouse. Je... Ne crois pas que je te surveille.

Il avait fait un pas sur le seuil de la chambre.

– Enfin... poursuivait-il, mal à l'aise, si. Je te surveille quand même.

Bien campé sur ses deux jambes, les mains dans les poches d'une veste d'intérieur chamarrée qui lui donnait des allures de prince florentin, il me fixait de ses yeux glacés.

– Je suis chargé de toi, on peut le dire comme ça. Je ne te connais pas, tu ne me connais pas, nous ne nous sommes pas choisis, et nous avons devant nous quelques semaines de… cohabitation obligée.

Pourquoi n'avait-il pas dit cela pendant l'interminable dîner où il n'avait pas prononcé un mot?

– Cohabitation intermittente, et limitée dans le temps, c'est rassurant! mais enfin…

Il avança encore de deux pas dans la chambre. Je crispai le poing sur la lettre. Une peur inexplicable, irraisonnée me gagnait.

Mais mon oncle ne me regardait pas. Il avait les yeux fixés sur l'une des fenêtres ouvertes. Sur la nuit?

Soudain, il sortit les mains de ses poches, marcha à grands pas vers la fenêtre et la referma.

Quand il se retourna vers moi, je lui trouvai le regard bizarre. Mais ce qui définirait le mieux cette lueur hagarde dans ses yeux incolores serait l'appel au secours. Même si j'ai encore du mal à concevoir qu'un Troël-Pym, énième du nom, quêtât une aide auprès de qui que ce soit, encore moins auprès d'un gamin de quinze ans – car je n'étais pas pour lui autre chose.

– Les bruits de la nuit sont dérangeants, tu ne trouves pas ? C'est certainement ce qui t'a empêché de te coucher.

Je m'apprêtais à le détromper mais il enchaîna :

– Quand tu es chez toi, le vacarme des boulevards et des sorties de cinéma te gêne moins, tu y es habitué.

Je marmonnai un vague acquiescement.

– Je dois te dire une chose, reprit Troël-Pym. Je ne me suis jamais occupé de personne et je n'ai jamais eu à le faire. J'ai de la chance que tu ne sois plus tout à fait un enfant, mais quand même. Je n'aime pas devoir me soucier de quelqu'un. La sollicitude est un sentiment que je ne désire pas connaître. Plus tu te montreras autonome, plus ce sera facile pour moi. Donc, pour toi aussi. Tu as dû le comprendre, puisque nous avons déjà passé ensemble toute une journée : je ne vais pas jouer les pères de remplacement. L'affection n'a jamais été mon fort. C'est ce qui me convient. J'ai cinquante ans, donc suffisamment d'expérience pour savoir que la vie que je me suis choisie est la bonne.

Il avait parlé assez vite, enchaînant ses phrases sur un ton monocorde, et il finit par pousser un soupir, comme s'il s'était soulagé du poids de ce qu'il avait à dire. Je devais ouvrir des yeux stupéfaits car il eut un sourire malhabile qui le rendit tout de suite plus humain.

– Tu vas me dire que tu n'as au pire que deux mois à passer ici et qu'il n'y a pas de quoi en faire tout un plat, c'est ça ?

– Euh… Un peu…

– Tu as raison, admit Troël-Pym, mais je suis de ces gens pointilleux qui préfèrent que les choses soient exprimées, même si elles paraissent inutiles. Maintenant tu sais que je ne t'emmènerai pas à la pêche, ou piqueniquer dans la montagne, ni ne te raconterai la guerre de Cent Ans, toutes ces choses auxquelles les oncles ou les grands-pères se soumettent avec plaisir.

J'ouvrais des yeux de plus en plus exorbités. Me prenait-il pour un bébé ? Les activités qu'il venait d'énumérer n'étaient plus tout à fait de mon âge.

– Vous connaissez mal les adolescents, répliquai-je.

J'avais eu envie de lui montrer que j'étais capable moi aussi de prendre un ton hautain, et qu'il avait en face de lui un être humain, pas un baigneur.

Sa repartie fut cinglante :

– Je déteste les adolescents.

Je ne trouvai rien à répondre. Je crois me souvenir qu'il y eut un long silence. Je ne sais plus si on se regardait. Je sais qu'un fantôme a passé entre nous. Romain ? Troël-Pym et moi pensions à lui au même instant ?

Romain... Son fils ? Cinquième rejeton de la fière lignée ? Avait-on pour lui voulu rompre avec une tradition obsolète ? Ou ne l'avait-on pas jugé digne de porter le nom des ancêtres ?

Je n'entrevoyais rien d'heureux dans la relation de Troël-Pym avec son fils.

Ces déclarations que venait de m'asséner ce lointain parent, j'imaginais que Romain les avait entendues avant moi. Jamais je ne risquerais d'en souffrir autant qu'il devait en souffrir. Cette idée marqua mon premier élan d'amitié pour Romain.

– Je n'ai pas demandé à venir chez vous, dis-je enfin.

Troël-Pym eut un hochement de tête, sec, brutal.

– On peut se considérer quittes. De toute façon, on ne se verra pas beaucoup. Je ne peux pas renoncer à mes déplacements à l'étranger. Je serai souvent absent de Quatre-Rives.

Tentait-il d'atténuer l'effet – certainement visible sur ma physionomie – de ses déclarations précédentes ? Si oui, il était plus que maladroit. D'une maladresse qui confinait à la cruauté puisque ses dernières paroles ne pouvaient que faire naître en moi un sentiment d'abandon que je n'avais pas éprouvé auparavant.

– Moi, je resterai ici ?

– Avec Muriel et Paul.

Je regrettais presque la tante Bérénice. J'eus une pensée émue pour elle, et un peu de honte pour le soulagement avec lequel je l'avais quittée à l'issue d'une quinzaine aussi étouffante qu'ennuyeuse. « Plus jamais la tante Bérénice ! » avais-je dit à mes parents. J'avais obtenu gain de cause. On me l'avait échangée contre un monstre froid à qui ma seule présence déplaisait plus que de raison.

– Tu te tais, constata-t-il, donc tu ne penses rien. Ou alors tu n'en penses pas moins mais je t'impressionne. C'est normal. Maintenant, je te souhaite une bonne nuit. Puisque tu es autonome, tu te couches à l'heure que tu veux. Mais comme je suis responsable de toi, je te conseille de te reposer. Ferme les autres fenêtres, les nuits sont fraîches parfois. Et n'oublie pas d'éteindre la lumière.

Il sortit plus vivement qu'il n'était entré. Je restai tout étourdi. Le bruit de ses pas s'éteignit, mais la maison en avait frémi.

Confusément, il me semblait que j'aurais pu lui répondre certaines choses si... s'il n'y avait pas eu la lettre.

Dans ce que racontait Romain, entre les lignes, planait une menace, à laquelle je donnai sans hésiter le nom et le visage d'Édouard Troël-Pym. Je ne sais trop à quoi je pensais exactement. À la mort? À une disparition? Non. J'ai parlé d'un fantôme mais Quatre-Rives n'était pas de ces demeures qu'affectionnent les romans pour en faire le cadre de leurs crimes et des turpitudes humaines qui impriment leurs marques jusque sur les papiers peints!

C'était autre chose qui hantait Quatre-Rives.

Un amour clandestin – caché.

Des pas dehors.

Des lumières qui dénoncent celui qui veille.

Et dans le couloir endormi, sous les regards las des sieurs peints à la triste figure, un homme marchait la nuit comme cet autre que redoutait l'auteur de la lettre.

Je décrispai mon poing.

La lettre, bien qu'épaisse, s'était chiffonnée. Je la posai sur le bureau et entrepris de la lisser.

Il fallait dormir, ou faire semblant, et effacer les rectangles jaunâtres sur la pelouse.

4

– Parti où ?

– Va savoir ! On ne lui demande jamais où il va, ni pour combien de temps. Quand il revient, il téléphone pour nous dire de préparer sa chambre, ou les chambres.

– Les chambres ? Il reçoit des invités ?

– Jamais plus d'une à la fois.

– Ah…

Je replongeai dans mon petit-déjeuner tandis que Muriel s'activait devant l'évier de la cuisine. Elle aussi m'avait dit de l'appeler par son prénom.

– On sera souvent seuls, toi, moi et Paul. Tu te sentiras un peu plus chez toi. Nous aussi, on sera plus à l'aise si on n'a pas à te traiter comme un petit châtelain.

Moins cérémonieuse que son mari, elle m'avait tutoyé d'emblée, et cela m'avait été d'une douceur inattendue. Comme la veille, je trouvais ses yeux bruns brillants d'un rire retenu qui éclairait son visage à la peau finement plissée. Ses cheveux mi-longs argentés tombaient en une frange courte sur son front. J'aimais bien sa brusquerie chaleureuse.

– Vous avez toujours travaillé ici? lui demandai-je.

– Je suis née dans la vallée. Et dans la vallée on naissait pour travailler ici. Au manoir ou à l'usine.

– L'usine?

– Dis, petiot, tu t'imagines pas que des gens de la ville seraient venus il y a plus de cent ans se planter un manoir et un parc comme ceux-là, à des kilomètres de tout, sans une bonne raison?

– Ç'aurait pu être une maison de campagne, pour se reposer.

– Dans un trou pareil? On se rendrait malade à se reposer ici. Je ne parle pas pour toi. Tu es jeune et tu ne resteras pas. Mais, si tu as envie, monte sur le plateau voir la lande. Tu t'en vas en riant, tu reviens en pleurant. C'est comme ça. Même les bêtes pleurent ici.

– On pleure aussi dans la vallée? murmurai-je.

Sans avoir rien pénétré du mystère, je le savais là, présent, opaque. Sans que j'y prenne garde, il avait déjà commencé à gommer le monde qui n'était pas Quatre-Rives et cette montagne étrange. La veille encore, je n'aurais rien compris aux paroles de Muriel. J'en saisissais à présent un sens, que j'inventais peut-être de toutes pièces, mais chacune de ces pièces, dans l'échafaudage que je bâtissais, trouvait une place.

– Il n'y a plus de vallée, lâcha Muriel. On prend la voiture, ça évite d'y passer. La route contourne, c'est plus long mais moins triste.

– Vous disiez que vous y êtes née?

– Pas de la dernière pluie, loupiot! Autrefois, oui, il y avait une vie en bas, des maisons, des gens. Même un bistro, évidemment. Et la papeterie: l'usine.

– Il n'y a vraiment plus personne?

La casserole que tenait Muriel cogna bruyamment sur l'évier; je n'entendis pas si elle avait dit oui ou non.

J'avais peu dormi mais profondément.

Apprendre que Troël-Pym avait quitté le manoir tôt le matin m'avait soulagé.

– ... Quand la papeterie a fermé, continuait Muriel qui avait fait taire sa casserole, tout le monde est parti. Brutalement. C'est venu très vite la mort dans la vallée...

Elle laissa ses paroles résonner dans la grande cuisine puis:

– C'est banal. Il paraît que le monde change et que, depuis longtemps, les hommes ne peuvent plus vivre et travailler là où ils naissent. Paul et moi, faut croire qu'on a eu de la chance d'être des «gens de maison», comme on dit, puisqu'il n'y a que la maison qui est restée. Remarque, tu me diras...

Depuis un moment, la cafetière électrique grognait doucement. Muriel se servit une tasse de café.

– Tu me diras qu'avant les gens n'étaient pas d'ici. Ils étaient venus parce qu'il y avait du travail. Et on leur avait construit des habitations. Dans le Nord, aux mines, on dit des corons. Ici, on disait «la cité». N'empêche que quelques générations s'y sont succédé dans ces petites maisons toutes pareilles.

– Il n'y a vraiment plus personne?

– Tu veux une goutte de café chaud dans ton lait? Bois vite et tu me laisseras travailler. J'ai à faire pour entretenir la maison. Les repas, si tu veux bien, tu les prendras avec nous tous, ici, à la cuisine. Pas besoin de tralala quand le patron vadrouille, hein?

– Bien sûr. Je préfère ici, dis-je.

La salle à manger, comme le salon que j'avais entrevu la veille au soir, avait la froideur des pièces où l'on n'entre pas souvent, ces pièces qui en attendant de vivre se recroquevillent sur leur apparat.

Pour boire son café, Muriel s'était assise en face de moi, de l'autre côté de la longue table de bois. Elle s'était posée comme le font les ménagères qui auront toujours à se relever la minute suivante, une demi-fesse sur un bout de tabouret. Ses yeux rieurs et chauds m'examinaient.

– Tu es beau gosse, dis donc.

Je dus sursauter, avant de hausser les épaules.

– Sans compter que t'es déjà bâti comme un homme. Pas la peine de rougir, petiot. Je te parle comme si j'étais ta mère. Ta grand-mère, plutôt. Tu sais, moi, quand j'ai connu Paul, j'avais treize ans, lui seize. Et je peux te dire qu'on était pressés de vivre.

Elle eut un sourire bizarrement doux qui contrastait avec la crudité de ses propos.

– Ils me font rigoler aujourd'hui. La façon dont ils parlent des jeunes et de l'amour, comme si ça venait d'être inventé! Dans la vallée – et je te raconte il y a plus de cinquante ans – on attendait peut-être des années avant de se marier, mais c'était rapport au logement et au salaire qui devaient être décents pour le ménage. On manquait de place et on manquait de sous. Mais l'amour, si on le voulait on le prenait. Ça faisait crier personne, même pas notre curé, du temps qu'il en venait un. C'était normal. Même les gosses qui arrivaient trop tôt, c'était normal.

– Vous en avez eu, des gosses ?

– Non. Sans doute que j'avais le ventre qu'en voulait pas.

– Vous regrettez ?

Muriel secoua la tête, lentement.

– Qu'est-ce que j'en aurais fait, ici ? Ils auraient dû partir, comme les autres, et que j'en aie eue ou pas ç'aurait été pareil.

Je n'ajoutai rien, ne sachant que dire. L'absence était venue rôder autour de moi, jusque dans cette grande cuisine chaude et en désordre. Sous la table, elle s'enroulait à mes jambes.

– Allez, on cause, on cause ! s'exclama Muriel en tapant le plat de sa main abîmée sur le bois. J'espère que je ne t'ennuie pas. Moi ça me fait du bien de voir de la jeunesse, c'est rare. File donc. J'ai les chambres à faire. Avec ça, mon déjeuner n'avance pas, et tout à l'heure les hommes vont arriver avec leur faim.

Le parc n'était pas de ces domaines qui semblent illimités, et où l'on est presque rassuré de rencontrer un obstacle érigé par la main de l'homme : un mur de pierre, une barrière, des grilles, un fossé.

À Quatre-Rives, la propriété s'était arrangée, comme elle le pouvait, des limites naturelles. Elle avait profité d'un méplat à flanc de montagne, d'un en-creux où l'eau avait afflué, où la terre s'était nourrie de tout ce qui dévalait du plateau dépouillé par les vents. Là, parce que les vents ne parvenaient pas à s'y immiscer, avaient poussé les arbres dont le plateau ne voulait pas. L'écrin de verdure et de paix apparaissait comme un démenti aux désolations du plateau laminé, mauve et gris, et de la vallée noire.

Je rencontrai la roche sur laquelle s'adossait la propriété, les sources dont m'avait parlé mon oncle, la serre, un hangar, une remise, puis une maisonnette : le logis de Louis. Je m'étonnai d'avoir si vite fait le tour du domaine.

À l'opposé de la falaise froide et moussue qui donnait l'impression que Quatre-Rives avait été bâtie sur le seuil d'une grotte à présent refermée, j'entrevis le précipice, un dévalement abrupt rendu plus vertigineux par le faîte des arbres qui affleurait à la lisière du méplat.

En plus de la route à flanc de mont qui arrivait par l'ouest, les sentiers, difficiles à trouver, s'échappaient l'un vers les hauteurs et le plateau, l'autre vers la vallée.

Ce dernier était encore bien dessiné.

Parce qu'on le débroussaillait ou parce que des passages réguliers le maintenaient en état ?

J'étais resté à l'orée du chemin, hésitant à m'y engager, quand j'entendis un pas derrière moi. Je me retournai et vis Paul. Il approchait avec un empressement qu'il brida dès qu'il se sut découvert.

Il agita la main, sourit.

– Beau temps ! lança-t-il d'une voix qui tonna.

Je réprimai un début de rire.

– Oui, beau temps.

– N'allez pas trop par-là, reprit-il en agitant toujours sa main, cette fois en direction du sentier.

– Pourquoi ?

– C'est plein de vipères, et ça dévale raide.

Soudain l'idée me vint qu'il n'avait pas surgi par hasard derrière moi, mais juste au moment où mon attitude pouvait donner à penser que j'allais descendre dans la vallée. M'avait-il observé... suivi ? surveillé ?

– Oh, j'irai bien un jour, répliquai-je.

Rembruni, il parut vouloir m'opposer un argument, se ravisa.

– À votre aise.

Je crus comprendre un moment plus tard pourquoi il s'était montré conciliant :

– Hier soir, me dit-il, j'ai mentionné un nom en vous montrant votre chambre.

– Vous avez parlé de Romain.

J'avais beau adopter un air très sérieux, je ne sais pourquoi un sourire narquois avait des envies de me venir aux lèvres.

– Eh bien... soyez gentil de... d'oublier ce nom.

– Pardon ?

– Du moins de ne pas le prononcer devant le patron... devant M. Troël-Pym.

Flottait dans ses yeux un je-ne-sais-quoi à la fois autoritaire et suppliant.

– C'est d'accord, acquiesçai-je. Mais vous me direz pourquoi je dois me taire ?

Paul avait certainement prévu que je chercherais à échanger mon silence contre ses révélations.

– C'est une longue histoire, souffla-t-il. Et triste. Elle ne s'est pas bien terminée.

– Entre Troël-Pym et Romain ? Ils se sont fâchés ?

– Non, non... Enfin... oui.

– Qui sont-ils l'un pour l'autre ? Romain est son fils, n'est-ce pas ? Le cinquième Troël-Pym ! Mais qu'on n'a pas appelé Édouard.

Il me dévisagea pendant un moment, silencieux. Quelques mots auraient suffi pour empêcher mon imagination de s'emballer ; il ne les prononça pas.

– Les vieilles maisons ont toujours des souvenirs douloureux, finit-il par murmurer.

Puis il repartit, avec autant de hâte qu'il en avait mis à venir me parler.

Ostensiblement, et avec l'espoir qu'il se

retournerait pour me voir négliger son conseil, je m'engageai dans le sentier en pente.

On n'apercevait pas la vallée. C'était un chemin tout en tournants et lacets minuscules ; trois mètres ou quatre de visibilité puis il obliquait. Il restait raide malgré ses multiples concessions au terrain pentu, et on s'y enfonçait comme dans un puits.

C'était interminable. En habitué des villes, mal chaussé de surcroît, j'avais les chevilles fatiguées par les pierres. Surtout, il faisait chaud. À croire qu'à mesure qu'on descendait on respirait un air frappé d'immobilité.

Il était près de midi mais on aurait dit que le jour allait baissant.

Je commençai à songer au retour quand je vis une flammèche rouge au milieu d'un buisson d'églantines : un morceau de tissu. Non pas accroché par hasard, retenu ou déchiré par les épines, mais placé là sciemment. On y avait fait un nœud.

Je le touchai, le déliai, m'en emparai.

C'était un ruban. À sa souplesse et sa couleur si vive, je devinai qu'il n'était pas là depuis longtemps. Mais j'eus beau scruter les taillis et les arbres, tous resserraient leurs ombres pour fermer le décor et empêcher mon œil de sonder au-delà.

– Il y a quelqu'un ?

J'avais crié. Mon appel se heurta comme à des murs. J'aurais pu me croire dans une pièce close. Dans mon oreille bourdonnait le silence de midi.

Je savais que quelqu'un était passé là récemment. Un parfum violent, qui fouettait les sens et commandait de vivre vite, palpitait autour de moi. La vie battait, là, tout près, mais invisible encore. Mes mains fourmillaient du désir de la saisir et mon corps en était douloureux. Non sans bonheur.

– Je reviendrai, murmurai-je au sentier.

Mes doigts tremblaient en caressant le signal d'étoffe rouge.

5

– On s'est inquiétés, marmonna Muriel.

Elle posa le saladier au milieu de la table.

– On s'est demandé si vous n'étiez pas perdu, expliqua Paul.

Me fixant, il semblait m'enjoindre de me taire, de ne souffler mot de la conversation que nous avions eue à l'entrée du sentier.

Rassuré sans doute par mon silence, il but une gorgée de vin, claqua la langue contre son palais.

Je croisai alors le regard de Muriel, qui ne riait plus, qui était grave. « Pas seulement perdu », disaient ses yeux.

– Mais je vous ai dit que je l'avais vu s'en aller vers le sentier.

C'était Louis, le jardinier, qui venait de parler. Décidément, le parcours de ma promenade matinale n'avait échappé à personne.

– Justement, rétorqua Paul qui continuait d'oublier qu'il m'avait vu lui aussi. Où veux-tu qu'il ait manqué se perdre, sinon ? Pas dans la maison, hein !

Louis haussa les épaules puis se mit à mâcher ses tomates vinaigrette en me regardant. Je le pensais plus âgé que Muriel et Paul, parce qu'il avait le visage parcouru de sillons profonds, très mat, et tout au fond brillaient des yeux rassurants.

Ici, on mangeait en silence. On ne parlait qu'entre les plats, comme si le fait de se nourrir requérait toutes les forces, ou une solennité qui alliait à un temps de repos les égards dus à une activité essentielle.

Jamais plus qu'à cet instant je ne mesurai l'éloignement entre Quatre-Rives et tout ce que j'avais connu.

Ici, les bruits du monde se taisaient.

« Tu es allé sur le chemin de la vallée », me disait le regard de Muriel, « et tu as vu le ruban rouge. Tu l'as pris, peut-être. Va, petiot, va ton chemin, mais éloigne-toi de celui que d'autres ont tracé. »

Les fourchettes avaient cessé de tinter contre les assiettes.

À présent les deux hommes parlaient de gros travaux qu'il leur faudrait entreprendre dans les jours à venir.

Muriel avait les yeux tristes et inquiets, parce que mon regard lui avait répondu :

«Je suis la vie. Je vais sur les sentiers à mon gré. J'ai pris le ruban rouge, il me brûle, j'aime sa brûlure. Laisse-moi.» Et elle qui avait gentiment ri de moi le matin comme une femme, elle s'inquiétait à midi comme une mère.

– Elle est pourrie cette cabane, disait Louis. Le patron a raison : faut brûler ce bois plein de vermine.

– Mais tu y as encore des outils, répondait Paul.

– Et des pots, des sacs, tout ça. Si tu me donnes un coup de main, on transporte le fatras dans la serre.

– Pas cet après-midi, je dois aller en ville, dit Paul. Au ravitaillement.

Muriel hocha la tête.

– Vous voulez venir avec moi ? me demanda Paul.

Sa question me surprit, plus encore ma réponse. Quelques heures plus tôt, sans la lettre, sans le ruban, je me serais empressé d'accepter cette offre de bouffée citadine, de gens et de fracas moderne.

– Non, merci, fis-je.

Je regardai le jardinier qui ne disait plus rien et avait recommencé à manger lentement, enfoui dans sa carapace de travail inlassable et de solitude.

– Si vous avez besoin d'aide, moi j'ai le temps cet après-midi.

– Ça ira, accepta le jardinier.

Muriel me sourit. « Merci de t'éloigner du chemin. »

« Je ne m'éloigne pas du chemin. »

« Tu vas travailler, te salir, avoir chaud. C'est bien. C'est ce qu'il te faut. »

– Les fraises sont bonnes, dis-je à voix haute. On dirait des fraises des bois.

Tout le monde fut d'accord que les fraises étaient bonnes. J'apprenais à accepter le rythme et la rassurance d'étrangers. «Je vieillis», pensai-je.

«Pas trop vite», suppliait l'ancien regard de velours de Muriel. «Allez, tu as encore le temps de nous faire du bien avant de nous rejoindre.»

Je n'avais pas remarqué la cabane au cours de mes investigations du matin.

«Toute pourrie», comme avait dit Louis. À force de mousse et de bois noir, humide, elle s'était fondue au taillis épais qui l'abritait. Un passage restait dégagé jusqu'à sa porte branlante mais le reste allait se perdre dans les lierres.

– Saleté, commenta Louis en désignant les dégoulinements du lierre. Bouffe tout.

– Ç'a toujours été une cabane à outils?

Le jardinier grommela une réponse qui balançait entre le oui et le non.

– ... une cabane c'est une cabane, compris-je seulement.

– Pourquoi faut-il la brûler? Elle ne vous manquera pas?

– Pourrie! s'exclama Louis d'une voix de colère.

Il avait des fureurs soudaines.

Puis il retombait dans un calme songeur qui frisait l'hébétude.

Il tourna vers moi ses yeux bruns enfoncés.

– T'es pas bien épais, mais solide.

Quand il ouvrit la porte de la cabane, il y eut un gémissement de bois humide qui n'en peut plus d'être du bois, tout rongé qu'il est.

Le soleil qui filtrait difficultueusement à travers les planches disjointes du toit dessinait dans la pénombre des rais opaques de poussière bleuâtre. Il y avait dans cette cabane étroite encombrée de formes hétéroclites quelque chose qui prenait à la gorge, comme un enfermement. Une odeur de recel.

– Au travail! lança Louis.

Il commença par sortir des pelles et des râteaux dont sans doute il se servait régulièrement, et à les entasser sur la brouette qui attendait dehors.

Je l'imitai. Mes mains s'emparaient dans le noir d'objets lourds que je n'identifiais pas toujours, même après les avoir sortis à la lumière. Je trouvais bon de sentir mes muscles se tendre, s'étonner de ces efforts répétés, et la sueur chercher les mèches de cheveux que j'avais plus longs dans le cou.

Nous travaillâmes en silence pendant un moment. Au dehors de la cabane se formaient des tas plus ou moins ordonnés en catégories fort mystérieuses pour mes yeux d'ignorant. Certains sacs de toile allaient avec des outils, d'autres se retrouvaient mariés à des pots ou des flacons, flacons qui eux-mêmes se séparaient en plusieurs groupes, plastique ou verre, et selon le nom inscrit sur une étiquette illisible.

De temps en temps, je jetai un œil vers Louis, m'étonnant de la souplesse rapide de son grand corps maigre et sec comme un vieil arbre.

– Vous travaillez depuis longtemps à Quatre-Rives ? finis-je par lui demander.

– Longtemps, c'est quoi ? me répondit-il en lâchant au sol un sac lourd dont la toile cracha par tous ses pores un nuage de poussière.

Dans la lumière légèrement glauque, le soleil oblique nous collait de grandes ombres disproportionnées et incertaines.

Louis effectua son troisième voyage de brouette. Je ne l'accompagnai pas et entrepris de finir de vider la cabane. Nous en étions presque venus à bout. Je tâtonnai dans le vide de la terre humide puis m'approchai d'un angle.

Il ne restait là qu'une boîte en fer-blanc rouillée, une grande boîte à biscuits. Je la soulevai, elle était légère sans être vide.

Revenu dehors, je me demandai s'il fallait la destiner à la prochaine brouette. Dans l'ignorance, je la posai à l'écart des tas, au pied d'un arbre.

Louis revint et recommença à charger la brouette.

Me reprochant de m'être laissé intimider par son ton brusque et d'avoir renoncé à mes questions, je tentai un nouvel essai :

– Vous venez de la vallée, comme Muriel et Paul ?

– Évidemment, murmura-t-il. Mais j'étais parti, avec tous les autres.

Il marqua un temps.

– Et puis je suis revenu.

Il eut une façon de prononcer ces derniers mots qui m'empêcha de le questionner davantage. Nous passâmes encore une heure à arracher à la cabane ses trésors et ses misères.

Plus tard, Louis reprit la brouette pleine de pots, de sacs, et se dirigea vers la serre, à quelque trois cents mètres hors du bois.

– Repose-toi, lança-t-il en s'éloignant. Je nous ramène à boire.

Je m'assis au pied d'un tronc d'arbre auquel je m'adossai. Ma chemise me collait à la peau. Un oiseau chantait au-dessus de moi ; des frémissements agitaient le bois ; le soleil avait des audaces pour franchir les obstacles des feuillages et venir caresser la terre. Dans un rayon se coulait un lézard doré.

J'étais bien.

Au fond de ma poche, mes doigts s'étaient refermés sur le ruban rouge. Je me rappelai l'avoir pris sans hésiter, sans me soucier de celui ou de celle à qui le signal était destiné. Je l'avais volé.

De bien-être, j'écartai les bras et m'étirai. En retombant, ma main gauche heurta la boîte en fer-blanc.

Je me redressai, plaçai la boîte devant moi. Elle était ternie, maculée de taches de rouille et bosselée par endroits mais je l'ouvris sans difficulté.

Ce que j'y découvris m'étonna à peine, pourtant mon cœur occupa tout mon torse.

C'étaient des lettres. Des tas de lettres, pliées en quatre, exactement comme celle du bureau. Mais, au premier coup d'œil, je distinguai des papiers différents. Certains, plus jaunes que d'autres et à l'encre pâlie, me rappelèrent l'aspect vieilli de la missive trouvée la veille.

Je m'emparai d'une liasse de couleur plus claire. L'écriture n'était pas la même que celle, serrée et régulière, de la première lettre signée R. Sans prendre le temps de lire, je cherchai la fin, la signature. Un grand M, avec des jambes longues.

Au bas d'autres lettres que j'ouvris fébrilement, des R alternaient avec les M.

Abritée dans la boîte en fer qui avait seule attrapé la rouille, la correspondance n'avait pas souffert de l'humidité.

Bouleversé, je refermai la boîte.

Quand je relevai la tête, je vis Louis qui revenait en poussant la brouette vide. Le jardinier s'arrêta à quelques mètres de moi, prit une gourde en métal dans la brouette et me la lança.

– À toi l'honneur !

J'ouvris le goulot et avalai une longue gorgée. C'était du vin, léger et frais. C'était bon.

« Tes jouissances sont bonnes, mieux que du vin. »

– Hé, doucement ! me conseilla Louis dans une exclamation qui ressemblait à un rire.

Je cessai de boire.

– Dites, Louis, c'est à vous ça ?

De ma main libre, je brandissais la boîte en fer-blanc. Je me sentais ivre de défi. Je savais que si, dans l'ignorance certainement, il répondait par l'affirmative, je me débrouillerais pour commettre mon second vol de la journée.

– Pas à moi, fit le jardinier. Qu'est-ce qu'il y a dedans ?

– Rien.

Je laissai un temps pour lui donner la possibilité de me démentir. Puis j'ajoutai :

– Je peux la garder ?

– Sûr, si t'en as besoin.

– Elle est rouillée par endroits, mais j'y rangerai des trucs.

Louis ne s'occupait plus de moi et recommençait à entasser sacs et outils dans la brouette.

– Si elle est rouillée… repris-je, ça veut dire qu'elle est là depuis longtemps ?

– Pas forcément, dit Louis. Dans ce trou à humidité, tout s'abîme vite.

Je me relevai et me remis au travail.

6

Le soleil jetait une ondée de blancheur inlassable sur Quatre-Rives. Allant oisif d'un coin du parc à l'autre, j'avais beau chercher les bois, les sous-bois et leur relative fraîcheur, mes pas me ramenaient toujours aux endroits les plus chauds.

Le vin de Louis m'était monté à la tête.

Notre travail terminé, j'avais lu quelques-unes des lettres de la boîte en fer-blanc.

Je ne sais pas si je viendrai demain. Tu connais Marcel, du bas de ta cité ? L'autre jour, il m'a suivie pendant un moment et, dès que nous nous sommes trouvés à l'écart des autres, il s'est mis à m'appeler en criant à tue-tête des plaisanteries douteuses. Il a prononcé ton nom. J'ai eu peur.

Il me semble que la vallée maintenant murmure nos prénoms, comme si nous les avions trop dits, même quand nous parlons tout bas et dans le secret de nos bras.

Tu sais, il ne faut pas laisser de trace. J'ai l'impression que les autres attendent pour nous faire du mal.

M.

Si tu ne viens pas demain, c'est que tu manques ~~de courage~~ d'amour.

R.

Le mot «courage» était rayé. Romain continuait à rédiger des brouillons, même pour des messages brefs. Il conservait ainsi la totalité de sa correspondance avec Marianne.

Il pesait, mesurait chacun de ses termes – à quelle aune? Je l'ignorais mais mon désagrément allait croissant. Son refus à écrire d'un jet sans se relire, sans corriger, me soufflait qu'il réfléchissait trop. Il voulait tout prévoir, ne rien laisser au hasard.

Par amour ou par jeu? Était-il sincère ou cruel?

Dire à Marianne qu'elle manquait de courage, c'était peut-être vrai, et s'il l'accusait ou la défiait, j'admettais cette réaction, la première sans doute qui lui fût passée par le cœur. Mais biffer « courage » et le remplacer par « amour »... c'était excessif, accusateur, terrible.

À ce message, Marianne avait simplement répondu – du moins je le supposai après avoir tenté de donner un ordre aux lettres qui n'étaient jamais datées :

Même heure. Attends-moi si je tarde.

M.

Il n'avait pas le droit de penser qu'elle manquait d'amour ou de courage. Elle, dans la vallée et au milieu des autres ; elle, épiée sûrement de plus près que lui et par plus de regards que celui d'un père exigeant et sévère...

Je vais devoir partir bien avant la rentrée scolaire où je retrouverai ma pension suisse. Mon père m'y oblige. Je ne reviendrai pas pour les vacances de Noël, on m'envoie en Angleterre. J'ai protesté, cherché des prétextes. En vain. La réponse de mon père est tombée sans que je m'y attende : « À seize ans, on n'aime pas comme ça. »

Qu'en sait-il ? Que sait-il ? ~~*Pardon, Marianne que j'aime, mais je veux pouvoir te dire que j'ai eu peur de lui.*~~

Un autre coup m'attendait. Ma mère :

« Et on n'aime pas dans la vallée. » « Oh, pour ça... du moment que ça ne dure pas » a murmuré mon père. Je les ai haïs.

Au pire, je reviendrai en juillet prochain.

N'oublie pas de m'attendre, comme je t'attends, malgré l'exil.

R.

Cette lettre-là, Romain ne l'avait pas envoyée. Il l'avait écrit au bas de la feuille, en capitales, tel quel, cet étrange amant aux manies d'archiviste : « pas envoyé ».

Était-il parti sans rien dire à Marianne, sans lui donner l'espoir de son retour ?

Mon antipathie pour lui allait lentement son chemin.

Mais une autre lettre, franche et sans rature, certainement parvenue à Marianne, m'obligea à réviser mon opinion :

L'été est fini. Je pars. L'usine va fermer. Cet hiver sûrement. Si elle ferme, ne quitte pas la vallée. Ou s'ils t'emmènent, reviens pour m'y attendre. Muriel t'aidera jusqu'à mon retour, elle me l'a promis.

Je t'aime.

R.

Je songeais à la solitude de Marianne, au milieu des autres de la vallée. C'était elle qui connaissait le véritable exil. Elle n'avait pas pour se distraire la Suisse, l'Angleterre, les études et les loisirs d'un enfant gâté.

J'allais rêvassant, bâtissant sur quelques indices que le hasard et mon indiscrétion m'avaient fournis l'histoire d'un amour clandestin qui avait embrasé la montagne, depuis la vallée jusqu'aux landes.

Mon imagination avait promptement distribué les rôles et mes affections.

Je haïssais Édouard Troël-Pym, mon plus

ou moins oncle, homme d'affaires, industriel avant la fermeture de sa papeterie – quelle date, exactement, cette fermeture ? depuis quand la vallée s'était-elle vidée de ses habitants laborieux ? – qui, la lettre de Romain me le donnait à penser, ne concédait à son fils que des amourettes faciles... ramassées dans le peuple ! À quelle époque se croyait-il, ce monstre imbu de sa caste où l'on portait fièrement, génération après génération, le flambeau glorieux d'Édouards multipliés pour des siècles et des siècles ?

Je haïssais également la mère de Romain, mais sans m'en préoccuper.

J'imaginai le couple séparé et Madame vivant à Paris, New York ou Miami.

Vis-à-vis de Romain... je l'ai dit, mes sentiments étaient mitigés. J'admirais la force apparente de son amour, la transgression à laquelle il se livrait. J'aurais aimé le rencontrer car l'idée que je me faisais de lui ne cessait de se préciser que pour mieux aussitôt se dérober.

Restait Marianne.

Je n'ai encore jamais rencontré une femme qui porte ce prénom sans me meurtrir à sa dissemblance d'avec ma Marianne de la vallée morte.

Je ne voulais pas lire tout de suite toutes les lettres, les connaître trop vite, les épuiser.

Machinalement et à force de tourner en rond dans le parc, j'étais revenu au départ du sentier qui descendait vers la vallée.

Je me figeai soudain.

J'entendais un bruit de pas sur le chemin qui dévalait et percevais des craquements de branches qu'on écarte.

Raide sur mes jambes, je reculai de quelques pas, me demandant qui j'allais voir apparaître.

En fait, je ne me posais pas la question, je craignais seulement que Marianne ne soit pas telle que je l'espérais.

Je fermai les yeux. La blancheur était éblouissante, et insupportable l'attente.

– Tiens, c'est toi.

Cette voix, grondeuse un peu, mais

assourdie par l'effort de la montée dans la sente, était celle de Muriel. Ses cheveux s'étaient collés à son front, et à ses bras les manches de la grande chemise d'homme glissée dans une jupe sombre qu'elle portait longue jusque sous les genoux.

L'anse d'un panier pesait sur son avant-bras. Quand elle vit mon regard se diriger sur le panier, elle arrangea le linge qui se trouvait dessus et, de cette façon, m'en dissimula le contenu.

– Tu as fini avec Louis ? demanda-t-elle.

– Oui. On a décidé de brûler les planches de la cabane ce soir, quand il fera nuit.

– Bien raison. Pour l'heure il fait trop chaud.

Elle passa le dessus de sa main libre sur son front mouillé de sueur puis se remit en marche vers le manoir.

– Vous venez d'en bas ? questionnai-je en lui emboîtant le pas.

– J'ai fait un tour, dit-elle.

Je la dépassai, cherchai ses yeux rieurs, elle me les déroba.

– Tout le monde prétend que le chemin est dangereux, repris-je. Vous ne devriez pas vous y aventurer, vous n'avez plus vingt ans.

Sans savoir pourquoi, je me sentais heureux. J'avais envie de bondir, de faire des roues sur la pelouse, et de crier.

– Allez, garde ta cruauté de jeune coq, rétorqua Muriel en pressant encore le pas vers le manoir. Garde aussi tes insolences. Si tu me cherches, j'ai encore assez de vigueur pour te mettre une claque!

D'un bond, je fus près d'elle, lui bloquant le passage, saisis entre mes mains les joues relâchées à la peau très fine et douce, et y déposai un baiser.

Après, je m'immobilisai net, étonné de ce que je venais de faire.

Elle se remit en route, avec rudesse. Je ne pouvais pas savoir que mon baiser d'enfant, mon baiser de jeunesse avait ému son vieux visage.

– Muriel! appelai-je.

De nouveau, elle s'arrêta de marcher.

– Parlez-moi d'elle…

Mes yeux se tournèrent vers la vallée, je n'osai prononcer le nom. Muriel s'approcha de moi, assez bizarrement me caressa la joue.

– Mon Dieu, que tu es grand. Je dois lever le bras, regarde ! Allez, viens boire un sirop d'orgeat.

– Je n'ai plus soif. Louis m'a donné du vin.

– Depuis quand le vin passe la soif? gronda-t-elle.

– Alors, parlez-moi de Romain, repris-je. Quand doit-il revenir ?

Je ne la voyais plus que de dos parce qu'elle avait fait trois pas pour me dépasser et m'entraîner. Et je vis ce dos s'élargir, soupirer, me refuser une réponse. Elle pressait le pas.

– Muriel !

– ... jamais faire boire les enfants. Manières de rustre, manières de paysan !

– Dites-moi seulement depuis combien de temps il est parti ? Et pourquoi il ne revient pas !

– D'où tu sors ces histoires ?

Elle n'avait plus sa voix habituelle, bonne comme du pain, mais une voix de colère, douloureuse. Elle s'était retournée pour me faire face, son visage était rouge.

Je n'osais plus prononcer un mot.

Alors ses traits s'adoucirent.

– Laisse, dit-elle, c'est mieux comme ça. L'été va passer, tu t'en iras, ce n'est pas la peine de ressortir les vieilles histoires.

Vieilles histoires.

Ces deux mots me hantèrent et j'allai un moment traîner ma crainte à la bibliothèque du manoir.

J'ai réellement pensé ce jour-là, à cette heure de fin d'après-midi, et tandis que mon rêve balançait entre possible et impossible, que l'amour de Marianne et Romain pouvait être une vieille histoire.

Mais, avant la nuit, deux éléments nouveaux allaient surgir pour me faire oublier cette hypothèse.

Il n'était pas encore l'heure du dîner quand je m'acheminai vers la cuisine.

Au sortir de la bibliothèque, j'avais erré dans le manoir, sans découvrir rien qui retînt mon attention. Une grande fatigue m'avait pris le corps, comme un découragement.

Là-bas, dans ma chambre, sous le lit, était cachée la boîte en fer-blanc.

Je redoutais l'état où me mettaient les lettres. Quatre-Rives avait l'air de ne me livrer des pistes que pour mieux m'égarer.

C'était comme la palpitation d'un cœur qui m'emplissait les oreilles puis s'éloignait, jusqu'à n'être plus audible, dès que j'approchais de sa source.

Je souhaitais presque le retour de mon oncle.

Je me dirigeai vers la cuisine. Celle-ci était séparée par deux portes du reste de la maison. Entre les deux portes, il y avait quelques marches, interrompues par un palier qui ouvrait latéralement sur une resserre.

À peine eus-je ouvert la première porte que je perçus le son d'une conversation entre Muriel et son mari. Je n'avais pas l'intention d'écouter mais une phrase me retint.

– Moi je ne sais pas ce qu'en pensera le patron, disait Paul.

– On n'est pas obligés de lui en parler.

– Et le gosse ? S'il lui en cause, lui, hein ? De quoi on aura l'air d'avoir bavardé ?

– Il ne dira rien. C'est plus un marmot, tu sais.

– N'empêche. Ça ne me plaît pas.

– Moi il me fait peine.

– Le patron ? s'exclama Paul.

– Le petiot.

– Et pourquoi ? Depuis quand la jeunesse fait peine ?

– Depuis qu'on est vieux, fit Muriel.

Il y eut un silence, meublé de bruits d'eau et de porcelaine. « Où tu ranges ça ? » demanda Paul. « Là. » Puis Muriel reprit :

– Il m'a parlé de Marianne, je ne sais pas comment il sait…

– Ils se sont vus ?

La porte sur l'extérieur s'ouvrit bruyamment, raclant le carrelage.

– Faudra limer ça, articula la lente voix de Louis.

Derrière l'autre porte, je remontai les marches à reculons, jusqu'à me retrouver dans l'entrée. Puis je réfléchis à la stupidité de mon attitude, revins sur mes pas et entrai dans la cuisine comme si de rien n'était.

Muriel me sourit. Paul s'affairait à ranger les provisions qu'il était allé acheter en ville.

Louis s'était assis à la table, je fis pareil.

Devant moi était ouvert un vieux livre de cuisine, tout gondolé parce qu'il avait dû se faire asperger de lait ou d'eau, avec les pages cornées et maculées par des souvenirs de traînées farineuses. D'entre les pages s'échappaient des morceaux de papier: des recettes notées à la main ou découpées dans des journaux.

«Pommes Marinette au coulis de myrtilles», déchiffrai-je en m'emparant de l'une des feuilles volantes.

– C'est ce que vous préparez pour ce soir? demandai-je à la cuisinière.

L'eau m'en venait à la bouche.

– Pas celle-ci, dit Muriel. Mais une autre qui te régalera. Je te dis pas quoi.

Ma question gourmande avait rassuré ses yeux bruns qui voulaient bien rire de nouveau.

J'avais gardé la recette entre mes doigts.

L'aspect jauni du papier et celui, passé, de l'encre me rappelaient les lettres.

– Muriel, demandai-je encore, vous l'avez écrite depuis longtemps cette recette?

– Pourquoi tu veux savoir?

Elle versait une grande quantité de lait dans un saladier.

– Elle a l'air vieille.

– Et alors?

– Depuis combien de temps est-elle là?

D'un geste impatienté, Muriel saisit la feuille entre ses doigts travailleurs.

– D'habitude, je marque la date où je l'ai copiée. Tiens, regarde au dos: c'était le 23 février il n'y a pas deux ans.

– On dirait un vieux parchemin! m'exclamai-je sincèrement étonné.

– Rien qui vieillit plus vite que le papier dès qu'il prend la lumière et qu'on le tripote, intervint Louis.

Je rangeai soigneusement la recette dans le livre. Ma respiration s'était accélérée, je craignais qu'on ne le remarque.

Presque miraculeusement, mon échafaudage entier s'était remis en place. Certaines des lettres de Romain et Marianne pouvaient paraître anciennes du seul fait d'avoir été lues, relues, portées, déplacées.

La joie me submergea. Les deux amoureux inconnus retrouvaient une vérité toute proche, et j'avais la sensation qu'il me suffisait de tendre la main pour...

Muriel dardant sur moi son œil inquisiteur, je quittai la cuisine et repassai dans le hall du manoir.

Les portes donnant sur les pièces du rez-de-chaussée étaient ouvertes. J'apercevais une succession de sièges, tables, consoles, vaisseliers figés dans leur ordonnance impersonnelle. L'actuel maître de Quatre-Rives n'avait jamais dû modifier quoi que ce soit à l'ameublement décidé par ses ancêtres. Il ne devait même plus le voir lors de ses rares séjours.

Dans la lumière qui tombait au bout de l'enfilade des pièces, sur la véranda aménagée en jardin d'hiver avec des fauteuils d'osier, des plantes grasses étalaient leurs lourds chapelets vert sombre.

Il se dégageait de ce décor un interminable ennui que rythmait le balancier d'une horloge.

Au-delà, on voyait le parc, la lisière des futaies.

Tout à coup, je tressaillis.

Une silhouette vive, menue, venait d'apparaître entre les troncs des premiers arbres.

La forme allait comme on se cache, comme on épie, à moitié tapie. Je ne distinguais que l'ovale clair d'un visage et des vêtements plutôt sombres où, à chaque mouvement, jaillissait un éclat d'étoffe rouge.

Je me ruai sur la porte d'entrée et courus jusqu'à l'angle de la maison. Plus personne.

Ralentissant le pas, j'eus beau fouiller le secret obscur du bois, je ne retrouvai pas la fugitive.

J'approchai encore.

– Marianne ! criai-je.

Quelques oiseaux s'envolèrent tout près de moi.

Elle ne réapparut pas.

Je me souvins du pas et me promis le retour de la nuit pour retrouver sa trace.

Je ne me trompais pas : Marianne revint ce soir-là.

7

Le feu avait des élans et des vivacités vermeilles qui me rappelaient les éclats d'étoffe rouge entrevus quelques heures plus tôt à l'orée du bois. Adossé contre un arbre, les bras croisés, je réfléchissais et n'écoutais pas les paroles qu'échangeaient Louis, Muriel et Paul. Tous avaient voulu voir brûler les vieilles planches de la cabane.

Au-delà de la clairière dorée par les flammes, c'était la nuit qui, malgré les étoiles, se faisait très noire. Muriel était appuyée contre Paul, Louis fumait la pipe, une main dans sa poche.

Maintenant, ils se taisaient. On aurait dit qu'ils attendaient, soit que l'un reprenne la parole, soit que quelqu'un arrive. Quelqu'un?

J'attendais aussi.

Je tendais l'oreille, bien au-delà du crépitement des flammes et des sifflements du bois.

Elle va revenir, pensais-je. Elle n'a pas répondu parce qu'elle ne me connaît pas, elle ne sait pas qui je suis, ce que je fais là.

J'avais mal, à songer qu'elle ne s'était pas même approchée par curiosité. Et puis, à cette distance, alors que je n'avais pu distinguer son visage, comment avait-elle pu savoir qu'elle devait fuir ?

Marianne. Marianne. Je prononçais son nom avec les lèvres, sans bruit, seulement du souffle, et je le trouvais bon, plein, ce nom qui avait la rudesse et la douceur pour se faire aimer.

Marianne de la vallée, Marianne de la ville des autres, Marianne au ruban rouge, Marianne de la nuit, qui marie l'âme à la nuit.

Marianne de l'amour.

Soudain, je crus entendre un bruit, un frôlement, sur ma gauche.

Alors, sans hâte, comme j'aurais fait quelques pas pour me dégourdir, je m'éloignai de la cabane en feu, vers le couvert du bois.

Dès qu'on tourne le dos au feu, on a l'impression qu'il fait froid, même par une nuit de juillet. Je marchai lentement. Le bruit s'arrêta, reprit, il avait l'air de progresser en une courbe large autour du brasier.

– C'est une bête! cria dans la nuit la voix de Muriel.

Elle avait trop de véhémence.

– Je vais me coucher, lançai-je.

Je partis, feignant de prendre la direction du manoir, puis, dès que je fus hors de vue, me remis sur la trace du pas.

Oui, peut-être une bête, dont le pas hésitait, s'inquiétait, s'éloignait et revenait.

Reviens, Marianne.

Peut-être une bête. Mais serait-elle venue rôder autour d'une cabane en feu? Dans la cabane où j'avais trouvé la boîte!

Je compris subitement.

Où se cachent deux amoureux quand ils se donnent rendez-vous?

Où déposent-ils leurs lettres clandestines?

Ma faute, affreuse, me sauta aux yeux.

J'avais volé les lettres que Marianne savait là. Et, non content de mon vol, j'assistais à la destruction de son abri d'amour.

Je fus pris de vertige et accélérai encore.

Marianne, je n'ai pas fait exprès, pas voulu faire mal. Marianne, je ne savais pas. Tes lettres sont en sûreté.

En sûreté, entre mes mains?

Marianne, je ne suis pas...

Je m'étais guidé au frôlement des branches qu'on écarte. Soudain, je n'entendis plus rien.

Sinon un autre pas qui s'était mis à courir. Le mien.

Il fallait que je lui parle. Que je m'explique.

Je trébuchai, me ramassai sur les mains, repris ma course.

Des branches sournoises me fouettaient le visage.

Marianne ne pouvait plus ignorer que j'étais du côté des coupables, du côté des voleurs qui immolaient sa cachette.

Marianne !

Des bribes de lettres lues avant le repas du soir me revenaient comme des reproches.

Tu ne vivras jamais ici longtemps. Le monde est grand pour les gens comme toi. Pour nous de la vallée, il n'existe pas de route qui s'en aille.

Ma mère m'a prise à part hier pour me dire que je sors trop souvent et que je n'ai plus l'âge d'aller comme une sauvage. Le fils Gastin est venu dîner. Il a dit quatre fois que je suis jolie. « Et même plus », a-t-il ajouté. Ses doigts émiettaient son pain. Il m'a dégoûtée.

M.

~~*Tu tiens à ce que je sois jaloux, belle Marianne ?*~~

La rayure de cette phrase était rageuse sur le brouillon de Romain. En dessous, après un espace vierge, l'écriture reprenait plus policée et, cette fois, sans ratures ni regrets :

Que le fils Gastin et tous les hommes de la vallée te trouvent belle, et t'aiment s'ils le veulent, peu m'importe. Ce monde-là n'est pas le nôtre, et certainement pas celui de mon amour. Parle-m'en si tu y tiens, je m'en moque.

Je t'aime au point d'oublier les imbéciles.

R.

Tu n'as pas répondu à ma dernière lettre. Écris vite. Je suis inquiet.

R.

Ces deux lignes-là étaient rayées d'une grande croix d'encre bleue. En bas de la feuille, d'une écriture plus nerveuse, il était seulement écrit :

Est-il revenu te dire que tu es jolie et te dévorer des yeux derrière son bol de soupe, l'autre crétin ?

Je t'attends cette nuit où tu sais.

R.

Je courais dans la nuit noire.

Marianne, écoute-moi, reviens. Je demanderai à Louis de construire une autre cabane. Plus belle. Je remettrai la boîte.

J'oublierai. Pardonne-moi de savoir ton amour. Pardonne-moi de t'en aimer.

Je ne doutais pas qu'elle était devant moi, elle allait vite à fuir. Sans plus chercher à écouter une piste qu'on me dérobait, je me précipitai vers l'orée du sentier.

Il n'y avait pas de lune. Des branchages m'agrippaient ; j'avançais les bras tendus, en aveugle.

Tu te trompes. Je ne suis pas folle quand je dis que je n'ai pas le droit de t'aimer. Ce matin, ils ont parlé de m'envoyer travailler en ville.

Plusieurs fois, je glissai sur le chemin pentu tout en poussière et en caillasse.

Pendant de longues minutes, je dévalai. Je ne voyais rien ni autour de moi ni devant. Les lacets succédaient aux lacets, abrupts, sournois.

Il fallait rattraper Marianne avant qu'elle atteigne la cité et se réfugie chez elle.

Tu dis toujours que la vallée est morte, tu oublies qu'on est nombreux à y vivre, à y mourir. Morte, elle le sera bientôt. Ton père t'a dit ?

Ici, tout le monde parle de partir.

Après l'interminable descente, le chemin devint plus large et la pente finit par s'adoucir. Le ciel réapparut, comme un long couloir que délimitaient, là-haut et noirs, les plateaux immobiles.

Tu ne me dis rien, mais j'ai deviné que tu vas bientôt repartir. Avant, je m'en fichais, je ne te connaissais pas. Cet après-midi, on a fait l'amour comme si tu te noyais. L'été finira.

Elle n'avait donc pas eu la lettre où Romain lui annonçait son départ? Ou bien s'agissait-il d'un autre départ? Une autre année? L'issue d'un autre séjour de Romain à Quatre-Rives?

Ne relisait-elle jamais toutes ces lettres rassemblées dans la boîte? N'avait-elle jamais vu les brouillons de Romain?

Non, Marianne, tu venais furtive, à la nuit, dans la cabane, et tes mots gribouillés tu les glissais rapidement dans la cachette. Sans regarder s'il s'en trouvait d'autres. Trop inquiète qu'on te découvre.

Ses lettres pour toi, sans doute Romain les

déposait-il ailleurs. Mais qu'est-ce qui le poussait à mêler ses brouillons à tes messages ? Quelle idolâtrie… ou quel cynisme ?

Toi tu ne tenais pas la comptabilité de ton amour à coups de mots et de calculs.

La vallée était là.

Un bruit d'eau, régulier et lourd : la rivière courait dans le creux, formée par les deux petits affluents qui dévalaient de la montagne. Mais je ne distinguais pas le cours d'eau. Des masses noires et carrées s'alignaient devant moi. C'étaient des maisons à un étage, avec le toit pentu, collées les unes aux autres par paquets de cinq ou six ; chaque bloc était séparé du voisin par un couloir moins sombre : une sorte de venelle.

La cité dormait. Il n'y avait pas une lumière, pas même une lueur de lampadaire.

Tu es peureuse, mon amoureuse. Un peu plus et tu me vexeras. Ai-je l'air d'un gamin qui va se laisser dicter sa conduite, ou permettre qu'on surveille ses attaches ?

Quand je repartirai d'ici, ce sera avec toi.

Romain te ment, Marianne. Mais le sait-il?

Mon amie Pauline s'est mariée. Elle va quitter la vallée. As-tu entendu dimanche les bruits de la noce monter jusqu'au manoir?

Ton père n'est pas descendu faire un petit discours, leur souhaiter bonheur et prospérité, comme il en avait l'habitude.

J'ai préféré qu'il ne vienne pas, que tu ne sois pas avec lui. Les yeux de tous ici sont devenus durs et méfiants. Je n'aurais pas aimé que ces yeux-là se posent sur toi.

Le fils Gastin m'a demandé si j'aimerais moi aussi quitter la vallée. J'ai répondu peut-être. Et j'ai pensé très fort « mais certainement pas avec toi ».

Alors il a levé les yeux vers la montagne, et son regard s'est arrêté juste sur les arbres qui nous cachent Quatre-Rives. C'est notre façon à nous d'en bas de faire comprendre qu'on parle de vous en haut.

« Tu voudrais bien partir, mais t'arrêter à mi-chemin », il a dit. Je lui ai tourné le dos et je suis allée danser.

Dans la cité uniformément noire et déserte à me donner peur de mon propre pas, j'avançais, à la recherche de je ne savais quoi.

Aux maisons, les volets étaient clos ; est-ce que Marianne m'avait vu ? Est-ce qu'elle m'observait derrière l'un des battants de bois ?

Viens ce soir, il fera bon sur la lande. Ils peuvent bien lever les yeux vers nous, tous, ils partiront bientôt. Ne juge pas mon père sur ce qui se dit autour de toi.

Au bout, comme un bout du monde, un bout d'impasse, empiétant sur la rivière, se dressait une masse gigantesque, avec des multitudes de cheminées à l'extrémité d'un toit en dents de scie. La papeterie.

J'eus envie de crier, de demander au silence où étaient ces hommes et ces femmes qui ne se lèveraient pas demain pour aller s'épuiser à la tâche dans les murs de la masse gigantesque, y gagner leur vie, leur mort, leur paradis sûrement !

Marianne, je t'ai perdue.

Je ne savais pas, avant, que la vie avait ce goût-

là. Je ne savais pas que les terres promises, celle-là surtout, étaient pour tous. Est-ce que c'est ça le bonheur ?

Je deviens égoïste.

Je m'arrêtai à deux cents mètres de l'usine. Il fallait le vouloir pour continuer vers un bâtiment fantôme. Comme un fait exprès, la lune se leva et son éclat vint se déchiqueter sur des successions de vitres brisées.

J'ai rêvé que la vallée n'était plus si noire. La cité avait été abattue et l'usine emportée par la rivière.

Je fis demi-tour et repartis d'un pas plus rapide. J'allais courir lorsque quelque chose sur ma droite m'immobilisa de nouveau : derrière les volets, à travers les claires-voies, un peu de lumière avait passé.

Oh, si subrepticement que la maison en prenait l'air encore plus noir, presque offensif avec son étroitesse et ses fenêtres aveugles. Je ne bougeai plus, j'attendis que la lumière repasse. C'est curieux, une lumière qui marche.

Mais c'était à croire que l'on savait, dans la maison, que j'étais là dehors, planté au milieu de la rue, et que j'espérais.

Ouvre. Ou viens. Je suppliais intérieurement.

On n'ouvrit ni ne vint.

La ville, de nouveau, faisait l'endormie du dernier sommeil.

Soudain je fus aveuglé par des phares de voiture.

Deux portières claquèrent. Des pas s'affolèrent sur la rue poussiéreuse.

– Tu veux nous faire du mauvais sang?

– Qu'est-ce que vous êtes venu chercher ici, monsieur Gabriel?

– Je…

À contre-jour des phares, les visages de Muriel et Paul n'étaient que deux gros ronds d'inquiétude, de colère.

En colère moi aussi, même si ma tristesse était forte, je me retrouvai assis sur la banquette arrière de la voiture et Paul redémarra. Je me révoltai:

– Je ne peux aller nulle part ?

– Ce n'est pas la question, répliqua Muriel. Tu vas où tu nous fais peur. Deux fois déjà on s'est inquiétés de toi.

– J'allais remonter quand vous êtes arrivés.

– Mais qu'est-ce qui t'a pris de descendre à cette heure ?

– J'ai suivi quelqu'un.

La voiture roulait bruyamment. Paul fit craquer une vitesse. Muriel se taisait.

– Et puis j'ai vu de la lumière dans une maison, repris-je.

– Ah ! s'exclama Muriel comme si elle venait de trouver l'argument de la victoire. Impossible. Il n'y a même plus d'électricité dans la vallée. Elle a été coupée après la fermeture de l'usine et quand tout le monde a été parti.

– Tout le monde n'est pas parti, dis-je, buté.

Ils ne relevèrent pas ma protestation.

– Et je n'ai pas rêvé la lumière. Elle est seulement passée puis elle a disparu, mais je l'ai vue.

– Entrevue ! corrigea Paul qui cherchait lui aussi le moyen d'en finir. Vous vous êtes trompé, monsieur Gabriel, c'est la lueur des phares qui vous a donné cette impression.

– Sûr, renchérit Muriel. Quand une voiture descend de là-haut sur la route, les phares apparaissent et disparaissent. C'est la montagne.

Je sentis quelque chose de mouillé sur mon visage. J'y passai la main. C'était une larme. De rage. Elle s'était mêlée au léger saignement qu'avait provoqué la gifle d'une branche sur ma joue.

– Pourquoi est-ce que vous ne dites pas la vérité ? fis-je à voix basse. Quand est-ce que l'usine a fermé ? Quand est-ce qu'ils sont tous partis ?

– Ça s'est décidé si vite… souffla Muriel.

La voiture faisait de plus en plus de bruit. Ni Muriel ni son mari ne tendirent plus l'oreille vers moi.

Je me retrouvai bientôt dans ma chambre, assis sur mon lit. Une femme me passait un linge frais sur le front et les joues.

– Tu t'es fait une jolie figure, tiens. Tu sais l'heure ? Une heure du matin. Le mouron qu'on s'est fait quand le feu a été complètement éteint et qu'on ne t'a pas vu, ni dans le parc où on t'appelait ni dans la maison. Je vais te dire : il a le beau rôle, le patron, à te confier à nous. Je suis trop vieille pour m'occuper d'un enfant… même si c'est déjà un jeune homme.

– Pourtant Romain n'est pas parti depuis si longtemps, lâchai-je.

Muriel se figea, avec en main le gant de toilette marqué de petites traînées de sang et de terre.

– Elle t'a parlé de lui ?

Dans sa voix sourdait une crainte. Elle redoutait de dire un mot de trop, ou le mot d'à côté, celui qui n'aiderait personne.

– Non, dus-je avouer.

Je réfléchis à peine avant d'ajouter :

– Mais ils s'écrivent. J'ai trouvé des lettres.

Et aussitôt, pour que Muriel, quel que soit son parti, ne me prenne pas pour un délateur :

– Je ne le dirai jamais à mon oncle, évidemment.

Muriel ne bougeait plus.

Je détournai la tête et m'allongeai sur le lit, glissai les mains derrière ma nuque afin d'adopter un air détaché.

– Vous n'allez pas me tamponner la figure pendant la moitié de la nuit, Muriel. Je ne risque pas de mourir de quelques égratignures.

Elle se taisait, ne bougeait toujours pas.

– J'aimerais dormir, repris-je. La prochaine fois que vous verrez Marianne, quand vous lui porterez je ne sais quoi dans votre petit panier... Si, si, ne faites pas cette tête, je sais. Dites-lui... dites-lui que ce n'est pas la peine d'avoir peur si elle me rencontre.

Je m'interrompis un instant. Je n'avais jamais chargé personne d'un message d'amour.

– J'espère la connaître un jour.

Les yeux de Muriel brillèrent anormalement.

– Je veux la connaître, répétai-je d'une voix sourde. Et Romain aussi, bien sûr..

Je me tournai vers le mur.

8

Plusieurs jours passèrent, desquels je ne garde guère de souvenirs précis, car il y avait une routine à Quatre-Rives comme ailleurs. Routine ponctuée par les repas et les travaux auxquels j'aidais parfois.

Je me rappelle néanmoins que chaque fois que Paul me proposait de l'accompagner à la ville, où il se rendait régulièrement, je refusais. J'avais accepté le silence et la sauvagerie noire de la montagne ; je ne voulais plus m'en éloigner, même pour quelques heures.

Je dormais beaucoup, ce qui m'attirait les plaisanteries joyeuses de Muriel – cela la rassurait. La vie avait une apparence de normalité heureuse : j'étais un adolescent de quinze ans en vacances chez un oncle ; mes parents m'avaient écrit pour justifier à coups de mots tendres une absence encore prolongée ; je leur avais répondu en leur brossant un portrait idyllique et un peu moqueur de Quatre-Rives, appuyant sur la discrétion d'un oncle qui estimait mieux veiller sur son petit cousin de loin, les rassurant sur mon compte en leur peignant l'affection bourrue de Muriel et en leur faisant humer les « bols de bon air » que m'occasionnaient les coups de main à Louis. Bref, une de ces lettres drôles, « pleines de vie » comme on dit, qui passait sous silence l'état d'attente anxieuse où je me trouvais en réalité.

Muriel et moi n'avions plus parlé de la vallée ni de Marianne, de ce que nous nous étions dit ou de ce qu'elle avait tu.

Nous n'y fîmes qu'une seule allusion un matin où je la surpris en train de préparer son « petit panier » dans la cuisine. Je vis sur la table une recharge bleue de gaz en bouteille, de celles dont on se sert pour les lampes-tempête ; je m'en emparai et la fis rouler entre mes mains.

– Voilà pourquoi les lumières se déplacent

dans les maisons de la vallée, soufflai-je. Ça ne pouvait pas être une bougie, c'était un éclairage plus fort.

Avec brusquerie, Muriel me reprit la recharge des mains et la fit disparaître dans le panier.

Je posai sur elle un regard que j'espérais hautain et lourd de défi.

– J'ai le temps, dis-je.

« Tu mens », me répondirent les yeux de Muriel, « tu n'as pas encore l'âge d'avoir le temps. Je sais la course de la jeunesse, et sa hâte, et sa ferveur. Voilà des jours que tu erres dans la maison et le parc comme quelqu'un qui souffre. Tu as peur de redescendre dans la vallée, peur de ne pas la trouver, encore une fois. Tu as raison, elle ne viendra pas vers toi. »

Je me détournai et quittai la cuisine.

C'était vrai, je n'avais pas osé redescendre de jour dans la vallée. Plusieurs fois je m'étais aventuré sur le chemin, plusieurs fois j'avais renoncé à mi-route, encore loin du but.

Je tentais de me convaincre que c'était pour ne pas brusquer Marianne, surgir trop violemment dans cette vie étrange qu'elle s'était faite, seule dans la vallée morte, installée dans l'attente. Ce n'était pas moi qu'elle attendait.

Certaines fois, je me rassurais, confiant au temps qu'il me restait à passer à Quatre-Rives (l'été entier, cela se confirmait) l'espoir de finir par la rencontrer et, à défaut de m'appeler Romain, de lui offrir mon amitié.

À d'autres moments, j'enrageais de jalousie et d'impatience. J'étais même jaloux de Muriel, parce qu'elle connaissait autre chose de Marianne qu'une silhouette furtive qui avait donné chair à des lettres.

J'aimais Marianne comme on rêve d'aimer.

La boîte en fer-blanc avait fini de me livrer ses secrets. J'avais lu les dernières lettres – les dernières, sans doute possible, puisqu'elles annonçaient la mort de la vallée, et la désertion des habitants.

La papeterie va fermer. Est-ce que c'est vrai qu'elle coûte plus cher que ce qu'elle rapporte ? Plu-

sieurs familles vont déménager avant la fin de l'hiver. Il y a eu une réunion l'autre jour entre tous les ouvriers et ton père. Il paraît que la vallée n'est plus viable. Les maisons commencent à se vider.

L'usine tourne au ralenti. On dirait que les ombres et le silence pleuvent des montagnes. Tu es loin, et mes lettres s'entassent dans notre cachette sans que tes mains que j'aime viennent les prendre.

Mon père est allé hier à V... voir s'il y avait du travail. Il n'a rien dit en rentrant.

Ma mère n'a pas lavé les rideaux comme elle fait tous les mois.

« Puisqu'on s'en va ! » disent tous ses gestes qui ont pris une lenteur lasse.

Dernier jour. Il fait très froid et tu es très loin. Les délégués ont voulu voir ton père mais il paraît qu'il n'est plus jamais là. Ses affaires le réclament ailleurs, dit le sous-directeur.

Toi non plus, tu n'es plus jamais là.

C'est atroce le bruit des machines qui s'arrêtent pour la dernière fois. La nuit est venue sur un grand silence. Je crois que dans plusieurs maisons on a pleuré.

Je ne veux pas partir. Je t'attends.

Encore une fois j'avais établi un ordre arbitraire pour ces lettres. Celles qui parlaient de l'hiver où la vallée s'était éteinte n'étaient plus que de la main de Marianne.

L'hiver passé, l'hiver dernier forcément, concluais-je en toute logique, puisque Romain n'était pas revenu depuis.

D'après le ton des lettres de Marianne, qui formaient comme un long monologue sur la fermeture de l'usine, il ne lui écrivait pas. Où aurait-il adressé les lettres ?

S'il n'y avait plus d'électricité dans la vallée, il n'y avait pas davantage de facteur.

Et puisqu'il l'aimait en cachette, s'il ne savait pas sa famille partie, comment aurait-il pu lui écrire chez elle ?

D'ailleurs, cette famille partie… comment avait-elle pu ne pas les suivre ?

J'imaginais dans l'ombre l'intervention d'une Muriel encore plus complice, qui avait inventé un mensonge pour faire rester Marianne.

Ou encore, et si j'admettais une complicité plus poussée de la gouvernante, Romain lui faisait passer des lettres par Muriel, lettres écrites de loin, de là où il se trouvait, en exil où l'avait envoyé son père, dans son riche pensionnat à l'étranger. Il n'était pas encore revenu pour ordonner ses brouillons dans la boîte (faisait-il toujours des brouillons ?). Mais en ce cas pourquoi Muriel ne jouait-elle pas les messagers dans l'autre sens, et pourquoi Marianne ne lui confiait-elle pas ses lettres pour Romain ?

J'écartai donc l'hypothèse que la gouvernante connût l'existence de leur correspondance, ou du moins s'en mêlât.

Ils ne s'étaient pas revus depuis l'hiver.

Et Marianne, en bas, sans lumière, seule, cachée dans la ville morte que tous les autres avaient fuie, Marianne attendait Romain. Depuis l'hiver, elle attendait, avec son entêtement et ses certitudes.

Elle avait continué à écrire, même sans espoir d'être lue. Et puis – la honte me montait au visage chaque fois que j'y pensais – j'avais pris la «boîte à lettres» et nous avions brûlé la cabane.

Si elle écrivait encore (apparemment, elle n'en avait rien fait depuis l'hiver) où déposerait-elle ses messages?

Vint le 9 juillet. C'était un jour d'orage, le premier depuis une semaine que j'étais à Quatre-Rives. De la fenêtre de ma chambre au verre brouillé par les trombes d'eau, je crus apercevoir la silhouette de Marianne dans le parc. Je sortis sous la pluie.

Comme chaque fois, car cela m'était déjà arrivé de la voir ou du moins de le croire, je ne la trouvais pas. Elle se cachait bien, je ne pouvais envisager autre chose, certain que si j'avais su dans quelle direction aller je l'aurais rattrapée à la course.

La nuit, et cela me désespérait (je supposais que Muriel lui avait bien transmis mon message), j'avais beau tendre l'oreille, je n'entendais plus le pas léger cerner la maison de son attente.

Ce 9 juillet, je rentrai par la cuisine, bredouille, le cœur las, trempé.

D'autorité, Muriel m'assit sur une chaise de la cuisine et se mit à me frictionner les cheveux avec une serviette.

– Le patron a téléphoné tout à l'heure, déclara-t-elle.

Je sursautai. Depuis plusieurs jours, j'avais renoncé à demander si on avait reçu un appel, la réponse étant invariablement négative.

– Il va revenir ?

– D'abord, il a voulu avoir de tes nouvelles, m'annonça Muriel comme si je devais en sauter de joie. Quel idiot d'être allé sous la pluie ! T'avise pas de prendre mal et de...

– Il va revenir ?

– Après-demain. Le 11.

– Pour repartir aussitôt, comme l'autre fois ?

– Il n'a rien dit. Il voudra sans doute passer quelques jours avec toi. C'est quand même ton oncle.

– Un vague cousin de ma mère, rectifiai-je.

– Pareil. Mais dis donc, si l'orage te met d'humeur mauvaise, tu ferais mieux de ne pas sortir.

Il s'était fait un grand vide inquiet dans mon esprit. Je ne pouvais croire qu'avec le retour de Troël-Pym la vie à Quatre-Rives continuerait pour moi de la même façon.

Je vis se profiler la salle à manger austère, les dîners en tête à tête silencieux, les rudesses du regard sans couleur, le rectangle jaune des fenêtres la nuit sur la pelouse, et dans le couloir les pas au rythme de menace.

Les craintes se précipitaient dans mon cerveau. Le sachant de retour, Marianne ne viendrait plus courir dans le parc et observer. (J'oubliais que la seule fois où j'avais entendu son pas depuis ma chambre c'était la première nuit, celle où le maître de Quatre-Rives était là, mais aussi la dernière où la cabane existait encore.)

– Muriel, vous descendrez encore le panier à Marianne ? Vous aurez le temps ? Il vous laissera faire ?

Elle me frictionna la tête encore plus énergiquement, c'était très désagréable.

– Quel enfant tu fais, l'entendis-je marmonner.

Je me dégageai rapidement de sa poigne et la regardai.

– Vous ne me parlez jamais de lui. Je voudrais bien savoir pourquoi il n'est jamais ici, ce qu'il fait quand il court le monde…

Volontairement, je mettais en avant des questions dont les réponses n'avaient pour moi pas grande importance. Afin d'enchaîner :

– Où est sa femme si elle est vivante ? Où est… Où sont ses enfants ?

– D'où tu sors qu'il a des enfants ? s'emballa Muriel.

Je crois qu'au fond je n'avais déjà plus envie de savoir. Avec sa vigueur de paysanne, elle m'avait tourné la tête sous le prétexte de me sécher les cheveux.

– Mais…

Elle me coupa :

– On ne parle jamais de lui parce qu'il

n'aimerait pas. Tu me diras que beaucoup de gens causent même quand on ne leur demande rien, même et surtout s'ils savent que ça déplairait. On n'est pas de ceux-là, Paul et moi. Louis non plus. On pense ce qu'on pense du patron, mais ça nous regarde.

– Vous l'aimez beaucoup.

– Ce n'est pas la question d'aimer, trancha Muriel. À ce qu'il a fait, il avait sûrement des raisons, même si on ne les sait pas, même si on ne les comprend pas.

– Qu'est-ce qu'il a fait? m'écriai-je.

J'étais ulcéré de sortir toujours perdant de ce jeu de questions et réponses truquées.

Que s'était-il passé à Quatre-Rives qu'il ne fallait pas dire, pas trahir?

– Qu'est-ce qu'il a fait?

– Rien d'autre que tous les hommes, murmura Muriel. Il a vécu, il a souffert, il a aimé, il a haï. Ne cherche pas autre chose. S'il passe un peu de temps ici, ce qu'il te dira de lui, s'il a envie, ce sera entre vous deux.

Morose, je m'apprêtais à retourner dans ma chambre pour y ruminer ma déception.

J'étais à la porte quand Muriel me rappela :

– Ne fais pas cette tête après-demain, il croira qu'on t'a maltraité !

Elle essayait de me faire rire, je n'en avais aucune envie.

– Allez, tu ne t'ennuieras pas autant que tu le crains. Il m'a dit de préparer deux chambres. Pour qui la deuxième ? Va savoir. Il a fait le mystérieux. « Pour quelqu'un que vous aimez bien et que vous n'avez pas vu depuis longtemps », voilà ce qu'il a dit.

Je me figeai.

Romain !

Romain allait revenir, après sa longue absence. Romain réconcilié avec son père, pardonné, homme enfin. J'allais avoir la chance d'assister au retour de l'exilé !... et Marianne à celui de son amour.

9

Ce jeudi puis le vendredi 10 juillet – veille de l'arrivée de Troël-Pym –, le manoir connut un branle-bas de combat qui rompait, désagréablement pour moi, avec le calme des jours précédents.

L'agitation tuait mon exaltation secrète, exaltation qui m'avait permis de ne pas faire la part de la réalité et celle des illusions.

Tout allait changer, je le savais, et Muriel prenait à mes yeux des allures de général en chef des armées du réel.

Elle s'était mise à épousseter les pièces du sol au plafond, à ouvrir grand les fenêtres, à briquer les vitres et l'argenterie, à faire reluire les boiseries sous des traînées de cire mielleuse. On aurait dit que Quatre-Rives s'éveillait d'un long sommeil, de la vie au ralenti quand le pouls bat à peine.

Mon rêve et moi n'avions plus notre place dans ce château de Belle-au-bois-dormant qui s'apprêtait à reprendre vie par le baiser d'un autre.

Celui-là, les grandes pompes et les fanfares l'attendaient : Paul entassait des victuailles dans le garde-manger ; Muriel dressait des menus de fêtes ; Louis enluminait de couleurs nouvelles les plates-bandes qui cernaient la maison, et redonnait un coup de peinture blanche aux chaises de jardin. Tous essayaient de m'enrôler dans leur frénésie ; je me dérobais avec une mauvaise humeur croissante.

Je n'avais plus le temps. Plus le temps de me laisser doucement, sans urgence, ravir à l'enfance. Plus le temps de m'habituer aux troubles qui m'avaient envahi. Plus le temps d'attendre que Marianne me laisse l'apprivoiser.

J'avais vainement tenté d'obtenir un sursis, un espoir. Au cours des repas pris à la hâte dans la cuisine en grand chamboulement, j'essayais de sonder Muriel, Paul, Louis. Tous prenaient l'air circonspect et mystérieux de qui n'est pas sûr de savoir mais ne se fait pas moins son idée, et l'on continuait à parler de «l'invité» avec une pudeur sucrée.

Je me mis à les haïr.

Je me mis aussi à détester le grand silence de Quatre-Rives pour moi. Renouant avec une vie factice, la maison ne me livrerait plus aucun de ses secrets. Elle se tenait quitte pour m'avoir donné le nom de Marianne, la lettre dans le tiroir, la boîte en fer-blanc, le bruit du pas à la nuit.

Après, tout s'était tu et obscurci.

C'était à moi d'avancer désormais mais je ne savais où me diriger. En l'absence d'apparition volontaire de son unique habitante, je considérais la vallée comme zone interdite. Je ne voulais pas traquer Marianne dans son refuge. Les autres cachettes ou lieux de rendez-vous des deux amants – hormis la cabane dont les cendres n'avaient, elles non plus, plus rien à me donner – m'étaient inconnus.

Pour finir, je décidai de monter sur la lande.

Jusqu'alors, la quasi-certitude de n'y rien découvrir que cette grande désolation mauve que j'avais entrevue de la voiture le premier jour, confortée par le tableau que m'en avait brossé Muriel, m'avait découragé.

Muriel me regarda m'éloigner. Il n'était pas encore deux heures, ce vendredi, c'était après le repas de midi.

– Couvre-toi la tête, cria-t-elle. Il fait chaud là-haut.

Elle avait deviné où j'allais et, malgré sa fièvre de fourmi ménagère, se rappelait ses inquiétudes maternelles à mon endroit.

Je lui répondis par un signe négligent et continuai à marcher jusqu'à disparaître à sa vue. L'ascension fut plus courte que je ne l'avais cru, j'avais de la hâte dans les jambes.

Je sus que j'étais arrivé sur la lande quand mon œil ne rencontra plus aucun obstacle et put glisser à l'infini sur un tapis sec, gris de roches, vert pâle d'arbustes et mauve des premières bruyères.

Dans ce triste pastel, je découvris très vite le ruban rouge. Deuxième signe de Marianne.

Pour moi ? me demandai-je. Puis je sentis,

comme une douche brûlante, le sang me monter au visage. C'était pour Romain, évidemment.

Romain allait revenir et Marianne le savait. Muriel le lui avait dit.

J'accélérai mon pas de hasard. J'avais des larmes plein les yeux que je traînais sur l'infinité de la lande, attendant que quelque chose les arrête, un frémissement qui ne devrait rien au vent, une ombre, une forme humaine, fugitive et vive : la course de Marianne.

Le soleil était insupportable.

Il n'y avait pas de sentier, ou alors des souvenirs de sentiers qui s'en allaient sans but, s'enchevêtrant. Toute cette étendue sans direction, sans fin, avait de quoi faire pleurer. Comme l'avait dit Muriel, « même les bêtes pleurent ». J'avais voulu ne voir là que la métaphore d'une femme d'autrefois, du temps que la nature était autre chose qu'un enjolivement pour promenade du dimanche.

Enfin, je rencontrai un nouveau signe, celui que j'avais attendu. Même en sachant qu'il ne m'était pas destiné, je me berçai encore d'une rêverie : merci, Marianne, tu as placé un autre ruban rouge, merci de me guider. C'est pour moi que tu traces ce chemin, dis ? Romain, lui, dans ce désert sait toujours où il doit aller.

Marianne, c'est pour moi ?

Aussitôt, j'eus l'idée que les rubans rouges ne signalaient pas un chemin mais parlaient un langage secret que seuls Marianne et Romain connaissaient. « Je suis passé par-là », « je t'attends là-bas », « j'ai déposé une lettre pour toi »...

Je faillis arracher le ruban.

Je regardai à l'entour, avec la peur que l'on m'ait vu, de loin, et qu'on ait deviné mon hésitation, mon envie. La première fois, dans le sentier de la vallée, j'avais été plus innocent que coupable en prenant le ruban rouge. Cette fois, en revanche...

Un vent brûlant s'était levé pour chasser les derniers effluves des pluies de la veille et transportait dans son souffle des aveuglements de soleil.

À quelques pas du buisson au ruban se trouvait un rocher d'une forme étrange, comme souvent les rochers. Il tendait son dos rond à la lande mais là où il avait plié son ventre de pierre, là où il s'était recroquevillé pour tenir à l'usure des millénaires, s'était formée une petite niche, une cache obscure.

Sans hésiter, j'y glissai la main, et rencontrai un objet aux angles droits. C'était encore une boîte en fer-blanc. Beaucoup plus petite que celle de la cabane.

Je la sortis de sa cachette et l'ouvris.

La lettre était là, signée d'un très petit M presque effacé.

Sans nouvelles de toi depuis longtemps.

Si tu en écris, tes lettres ne peuvent plus me parvenir.

Ils sont tous partis. Je te dirai comment je suis partie avec eux puis revenue. La vallée est bien morte à présent.

Quatre-Rives se prépare à ton retour. J'ai vu Muriel et je sais que tu reviens samedi. Ce sera le 11 juillet.

Tu avais dit qu'on partirait ensemble dès que tu pourrais venir me chercher.

Alors, je t'attends à neuf heures le soir, samedi, sur le pont derrière l'usine. Le jour commencera à s'en aller. Nous nous en irons aussi.

Je ne sais pas à quelle heure tu arrives le 11 mais je sais que ta première pensée sera de venir chercher cette lettre dans notre cachette où je l'enferme.

La vie ne me fait pas peur si je t'ai avec moi, si j'ai ton amour. Alors, à neuf heures samedi 11 au soir. Je t'attends. Je serai prête. Tu viendras, dis ?

Tu viendras ? À toi pour toujours.

M.

Je repliai soigneusement la lettre, sur son premier pliage. Il n'y en avait pas eu d'autres : la lettre de Marianne n'avait pas été lue. Ni par Romain ni par personne.

Quand l'avait-elle placée dans la cachette ? Hier au plus tôt. Tout à l'heure peut-être, puisqu'elle faisait allusion aux préparatifs de Quatre-Rives attendant Romain.

Romain ne l'avait pas lue. Pour cause, il n'était pas encore arrivé. Mais il allait revenir, ce destinataire tant aimé, que Marianne invitait à la fuite, à la vie, il allait revenir et trouver la lettre.

Ma main se serra sur la petite boîte en fer. Romain ne trouverait la lettre que si je la laissais…

La pensée violente qui venait de me traverser me laissa pantois. Voulais-je que Romain n'ait pas la lettre, qu'il n'aille pas au rendez-vous, qu'il croit Marianne partie avec tous les autres, et pour toujours ?

Oui, c'était ce que je voulais. Oubliant dans mon aveuglement que Muriel serait là pour rétablir tous les ponts que j'aurais la tentation de briser.

Une digue venait de se rompre en moi, celle qui libérait ma haine et ma rancœur contre Romain, contre celui qui ne s'était pas soucié de ce que devenait son amoureuse après la mort de l'usine et de la vallée. Contre celui qui aimait en brouillons et ratures.

Est-ce qu'on fait des brouillons quand on aime et qu'on est pressé de vivre ? Sur le point de commettre un acte grave si je volais la lettre, je compris ce qui me dérangeait le plus dans les brouillons : Romain se regardait aimer.

Marianne aimait vraiment.

Je me mis à penser : il n'est pas digne d'ellc. Avec une clarté et une certitude qui me laissèrent un peu haletant et la tête lourde. Je ne jurerais pas que je me montrais un juge impartial... J'étais dépité, furieux que Marianne, tout à son amour pour Romain, n'ait pas daigné se préoccuper de mon existence.

Mais d'abord, ce 11 juillet, tomberait-il bien un samedi ? Lancinant, le doute revenait.

La lettre pouvait être vieille, de l'année d'avant, ou encore d'avant ! Je comptai les jours. Nous étions vendredi et c'était bien le lendemain que Romain devait revenir : le samedi 11. Avec Édouard Troël-Pym.

Car si j'avais eu encore des incertitudes quant à l'identité de « l'invité », la lettre de Marianne, alertée par Muriel, ne pouvait plus me laisser aucun doute.

Je demeurai un moment agenouillé sur la lande à écouter le vent, à souffrir du soleil sur ma nuque.

Quand je me relevai, j'avais remis la lettre dans la boîte, et la boîte dans le creux du rocher. Pour que Romain, s'il venait – s'il n'avait pas du fond de son exil oublié Marianne et s'il montait sur le plateau – la trouve et décide ou non de partir.

J'avais compris. On ne prend pas un amour de force, ni par le vol ni par le mensonge. Les passions des autres font mal.

Le jeu de piste était terminé.

J'avais lu leur histoire, m'en étais repu comme on plonge dans un livre, un récit d'aventures, comme on pleure avec un personnage qu'on a aimé et qu'il faudra quitter quand surgira le mot fin. Ce moment où, le livre refermé, on rechigne à revenir dans le réel, qui n'est pas plus le vrai que le vrai du livre. Il faut revenir dans le réel et se dire «je m'appelle Gabriel». Se dire «je ne suis pas celui qu'aime Marianne».

Je m'éloignai d'un pas lent.

Une autre partie de moi-même se disait que les choses étaient bien ainsi, que j'exagérais à me peindre Romain sous des couleurs trop noires. De toute façon, je le connaîtrais bientôt, celui dont j'étais seul à me savoir le rival; le jour approchait où je rencontrerais cet autre adolescent qui avait longtemps occupé la chambre où je dormais.

Je ne lui dirais pas que je connaissais son secret.

Quelques jours, quelques lettres plus tôt, j'aurais pu éprouver de la sympathie pour Romain. Bon, essayais-je de me raisonner, Romain ne faisait pas ce qu'il voulait. On l'avait expédié très loin, sans lui demander son avis. Il poursuivait ses études dans un monde où les Marianne n'existent pas, ni les amours d'enfants qui n'en sont plus.

Là-bas, il se préparait à prendre la relève de son père, Édouard Troël-Pym, à devenir le digne cinquième du nom, même s'il en avait lâché le prénom; il s'avançait sur le chemin d'une carrière brillante, d'un avenir et d'une vie tout aussi brillants. De ceux où une Marianne n'avait pas sa place.

Allait-il en décider autrement ?

L'aube de samedi se leva.

J'étais sur pied avant Muriel et Paul.

Moi aussi j'attendais.

La matinée s'écoula, personne n'arriva.

Puis le déjeuner, puis tout l'après-midi, interminable.

– Il n'a pas dit d'heure ? demandai-je à plusieurs reprises.

Muriel ne s'inquiétait pas. Il ne disait jamais d'heure.

Vingt-et-une heures, l'heure du rendez-vous, approchait. J'imaginais Marianne, en bas, dans la vallée, en train de se préparer au départ.

Et si Romain arrivait trop tard, après neuf heures, s'il n'avait pas le temps d'aller chercher la lettre sur la lande dans sa cachette ? Si Marianne s'en allait seule, se croyant abandonnée ? Si... Je vacillais sous l'assaut des « si ».

Je crois que je n'étais pas loin d'un état de transes.

À huit heures, j'assistai au dîner dans la cuisine mais ne pus rien avaler.

– Il arrivera tout à l'heure, assurait Paul.

– Ou dans la nuit, ajoutait paisiblement Muriel.

Eux n'avaient pas de crainte.

À neuf heures moins vingt, je n'y tins plus. Je quittai le manoir en courant, traversai le parc.

Le chemin dévalait. Je ne voyais rien. Déjà que le jour la nuit semblait nicher en permanence dans la vallée, à l'approche du soir elle en remontait lentement pour prendre possession de toute la montagne. Je descendais dans la nuit.

Je ne sais plus si j'ai réfléchi alors à ce que je dirais à Marianne, si je courais en messager fidèle et repenti d'un amour que j'avais rêvé de m'approprier. «Romain n'est pas encore arrivé, mais on l'attend d'une minute à l'autre. Il n'a pas eu ta lettre. Ta lettre que moi j'ai lue. Pardon. Je lui dirai, dès que je le verrai, je lui donnerai le message. Il sera là demain. Attends encore. Attends ! »

Non, je ne courais pas pour excuser Romain, le sauver ou sauver son amour. Je courais pour Marianne. Qu'elle ne reste pas seule dans la nuit qui tombait. Avec une valise de rêves trop lourds à porter puisque devenus vains.

Je traversai la ville morte, galopant toujours. Le bruit de ma course résonnait contre les bâtiments vides.

Pour la première fois, je voyais la cité non dans la nuit noire mais au crépuscule.

Les maisons étaient couvertes d'une lèpre de pierre.

Les volets n'avaient presque plus de peinture.

Plusieurs cheminées de l'usine étaient tombées.

Des vestiges.

Je courais.

Le long de la rivière. La route qui arrivait à la cité avait son tracé envahi d'herbes et de buissons. Dans les saignées du vieux macadam, des herbes folles avaient poussé.

Je courais. Voilà le pont. Un pont de pierre. Il n'avait plus de parapet ; ce n'était plus qu'une courbe déhanchée, irrégulière, cassée sur les flots qui cascadaient.

Hors d'haleine, je m'arrêtai enfin, l'esprit vide. Il devait être neuf heures. Elle allait venir, l'amoureuse de la ville des autres, belle comme dans les rêves...

Je lui dirais...

La pénombre s'épaississait. La silhouette se détacha contre le mur autrefois jaune de l'usine. Elle ne courait pas. Elle avançait à pas menus, mesurés, sa valise à la main. À cette distance, je ne voyais que ses longs cheveux qui lui mangeaient le visage, une bizarre jupe de sauvageonne où des lanières brunes s'envolaient pour dévoiler une étoffe rouge vif. C'était bien la silhouette menue et souple que j'avais entrevue un jour, c'était bien son pas de guetteuse.

Les voix portaient terriblement dans la

vallée morte. Quand elle murmura «Romain», je l'entendis comme si elle avait été tout près.

Elle fut bientôt tout près et son pas se ralentit. Elle m'avait reconnu. Plus exactement, elle avait reconnu que je n'étais pas Romain.

– Marianne, je…

Les mots ne purent franchir mes lèvres.

Elle s'était approchée, d'un bond de bête. Elle n'était plus qu'à quelques centimètres de moi, petite de taille, et elle me scrutait.

C'étaient de vieux yeux de folle qui me fouaillaient, de vieux yeux perçants, trop brillants, qui étaient restés l'unique souvenir de jeunesse dans un visage ravagé par un temps qui y avait exercé toutes ses violences.

Je crois que j'ai crié. Mais je crois aussi que le cri affreux, le cri de détresse, désespoir, déchirure, ce fut de sa gorge qu'il sortit.

Elle lâcha sa valise, qui s'ouvrit dans la chute. Elle était vide. Une vieille valise d'autrefois, en carton, avec de mauvaises serrures rouillées.

La vieille Marianne tourna les talons et s'en alla, murmurant des mots que je ne compris pas. Puis elle poussa un second cri qui me glaça, et fit silence, s'avançant toujours pour être bue par la nuit.

Je la regardai s'éloigner, mon amoureuse morte, au pas lent de l'âge, et me jetai face contre terre, avec l'envie de me fondre à la glaise.

10

Je ne sais combien de temps je restai à l'entrée du pont à moitié détruit, dans la nuit tout à fait tombée.

Je revins à moi dans la violente lueur des phares de la limousine. Il y eut des bruits de voix, des voix d'hommes uniquement, Muriel n'était pas là. On me souleva, on m'assit à l'arrière de la voiture. Et j'entendis la voix de Troël-Pym :

– Qu'est-ce qu'il fichait ici, ce petit imbécile ?

– Où est Romain ? demandai-je.

Fixant Troël-Pym, je lui vis le plus étrange sourire, qui se transforma en rire formidable.

Quelques minutes plus tard, nous étions revenus à Quatre-Rives. Je marchais d'un pas mal assuré. Muriel se précipita sur moi avec des empressements de mère-poule. J'avais envie de l'envoyer promener mais je n'osais pas car mon oncle m'avait accompagné dans la cuisine.

– Donnez-lui à boire, Muriel, ordonna-t-il.

– Surtout à manger, renchérit la cuisinière. Il n'a rien avalé depuis deux jours.

– Qu'est-ce que c'est que cette histoire ?

Je parvins à planter un regard à peu près stable dans celui de Troël-Pym.

– Où est votre invité ? fis-je.

Derrière lui, Muriel m'adressait de grands signes.

– Il est là, il se repose, déclara-t-il avec sa sécheresse habituelle. Il n'était pas revenu depuis un temps fou ici, et les vieillards...

Je n'écoutai pas la suite.

Muriel avait baissé les bras et faisait une tête d'enterrement en voguant du réfrigérateur à la cuisinière. Elle avait mis le couvert pour deux, mon oncle et moi.

Je m'étais fourvoyé au-delà du concevable.

– Mais... mais... qu'est-ce qu'il... est devenu... ?

– Tu parles de qui ? interrogea Troël-Pym. De mon père ?

Je bégayais, m'enlisais. Pour la première fois, et j'en fus stupéfait, je vis une lueur plus chaleureuse passer dans les yeux pâles de Troël-Pym.

– Qu'est-ce qui se passe ? s'enquit-il d'une voix que je trouvai étonnamment douce.

Je ne parvenais plus à retenir les larmes qui me montaient aux paupières.

– Qu'est-ce qui t'arrive ? Que faisais-tu en bas ?

Je m'écroulai sur la table, le visage caché entre mes bras repliés. Muriel vint à mon secours et je l'entendis prononcer ces paroles :

– C'est à cause d'elle, en bas. Il a cru… Il faut le comprendre. Il a trouvé de vieilles lettres… Et il l'a entendue, elle, qui marchait dans le parc la nuit, comme elle fait… vous savez bien…

Il se fit un long, très long silence dans la cuisine.

– Vous ne lui avez pas dit de se tenir tranquille ? interrogea Troël-Pym d'une voix cassante.

– J'ai bien essayé, mais allez savoir ce qu'elle comprend ou ce qu'elle ne comprend pas !

Je me redressai. Je les aurais tués, tous les deux.

– Rendez-lui Romain, hoquetai-je. C'est Romain qu'elle attend. Il devait venir aujourd'hui. Ils avaient rendez-vous sur le pont à neuf heures. Le samedi 11 juillet. Elle savait qu'il devait venir, et elle lui a donné rendez-vous pour fuir avec lui. Dites à Romain de revenir ! Elle est peut-être vieille... maintenant... mais elle lui a donné rendez-vous !

Je ne chercherai pas à redonner cohérence à ce qui en était dépourvu. Mon cerveau ne fonctionnait plus. Mon cœur avait éclaté.

Je m'aperçus que mes paroles aboyeuses étaient tombées dans un nouveau silence.

Muriel ne bougeait plus. Elle s'était figée, une main sur la poignée du réfrigérateur.

En face de moi, Troël-Pym était livide.

Le coin gauche de ses lèvres tremblait.

– Qu'est-ce que c'est que cette histoire? répéta-t-il d'une voix sans timbre.

Sa réaction m'avait calmé, même si je ne la comprenais pas. Sans doute avais-je besoin de m'épancher. Sans doute devinai-je, sans certitude encore, qu'il n'était pas le monstre que j'avais cru. Je lui dis tout.

Dans le silence de la grande cuisine où Muriel n'osait plus faire un pas ni servir le dîner, je lui racontai le tiroir, la première lettre, le pas dans la nuit, la boîte en fer-blanc, les rubans rouges, l'apparition de Marianne qui s'était cachée de moi – là, ma voix qui s'était faite plus assurée à mesure de mon récit se remit à trembler et mes paupières me brûlèrent. Je lui dis aussi la cachette sur la lande, l'autre boîte en fer et la dernière lettre. Celle que Romain n'était pas venu chercher.

Parler m'avait permis de rassembler un peu mes idées, de leur appliquer un minimum de logique. Alors, je me mis à repenser à cette lettre écrite, je n'en doutais pas, par une Marianne jeune. Ou bien? La Marianne vieille et folle que j'avais vue près du pont avait, elle, écrit cette lettre, de la même façon qu'elle semait de rubans rouges les sentiers de ses amours mortes?

– Romain n'a pas eu la lettre, conclus-je. Mais... Le rendez-vous était bien pour ce soir! Si elle avait seulement écrit le 11 juillet, j'aurais pu me tromper d'année. Mais elle dit dans sa lettre samedi 11 juillet!

Les yeux de Troël-Pym s'étaient rivés sur moi dès que je m'étais mis à parler, et n'avaient plus bougé. Soudain, dès que je prononçai ce mot de «samedi», ils s'abaissèrent.

– Il y a trente-trois ans, murmura-t-il, le 11 juillet devait être aussi un samedi.

Trente-trois ans.

Des siècles à mes yeux.

Les images de mon rêve, bâties de toutes pièces, prenaient un autre sens. Une lame de fond me noya la poitrine.

La papeterie avait fermé depuis trente-trois ans, et la vallée avait eu le temps de mourir à petit feu, de se léproser.

Et Marianne de devenir folle à attendre celui qui ne revenait pas, pour qui elle s'était déjà enfuie, d'une autre ville, d'une autre cité ouvrière peut-être, où sa famille s'était installée.

Marianne !

Mon amoureuse de quinze ans et la sauvage de presque cinquante, folle d'amour et de renoncement, se mêlaient.

– Mais alors... repris-je, Romain ? Qui est-ce ? Qu'est-il devenu ?

– Romain n'existe plus, me répondit Troël-Pym.

Il releva enfin les yeux.

– Tout le monde l'avait oublié ici...

– Non, souffla Muriel.

– Non, fis-je en écho. Marianne... Elle ne l'a pas oublié, elle est venue au rendez-vous...

Mon oncle eut un sourire, plutôt un rictus.

– Marianne est folle, dit-il. Une folle qui hante une cité morte et que Muriel continue de nourrir en faisant semblant de croire que je n'en sais rien !

– Elle n'est pas méchante, protesta doucement Muriel.

– Elle n'était pas folle, avant… ajoutai-je.

Il y eut un nouveau silence. En face de moi, Troël-Pym n'était plus qu'un homme fatigué, blessé.

– C'était votre frère, Romain…? demandai-je.

– C'était…

Sa voix était rauque. Il s'éclaircit la gorge.

– C'était moi.

Je poussai un cri étouffé. Il hocha la tête.

– Édouard-Romain Troël-Pym. Quand j'étais jeune, je voulais qu'on m'appelle Romain pour ne pas avoir le même prénom que trois hommes avant moi avaient porté. Ma première révolte…

– La seule, articulai-je.

Et pris d'une rage soudaine, je lançai :

– Qui n'a pas duré plus longtemps qu'un amour de jeunesse !

– Qui n'a pas duré, admit Édouard-Romain. On m'a fait partir de force, je n'ai pas vraiment résisté. Puis j'ai couru le monde, la vie a fait le reste. Les études, les affaires, l'argent, la lignée des capitaines d'industrie Troël-Pym… il a fallu tout prendre en bloc.

– Tout prendre ou tout accepter ? Même de ne plus aimer Marianne ! Mais est-ce que vous l'aviez vraiment aimée ?

Je devais avoir un ton de juge, d'accusateur. Il ne réagit pas, ne répondit pas.

Pourtant, dans ses yeux passa cette flamme de ceux qui se souviennent du goût qu'avait la vie dans la seule étreinte vraie qu'ils ont su lui donner.

J'eus envie de bondir sur lui, de le prendre à la gorge, ce froid tueur d'amour qui à défaut d'avoir su vivre avait su se faire des souvenirs. Je l'enviai de sa richesse passée, je le détestai de l'avoir abandonnée dans des boîtes en fer-blanc rongées de rouille.

Ce fut alors qu'on entendit les cris dehors.

Louis, tout essoufflé, poussa la porte de la cuisine.

– Le feu ! cria-t-il.

On se précipita.

La vallée brûlait.

Au bord du parc, à la lisière rocheuse où commençait l'à-pic, la vallée pour la première fois se voyait depuis Quatre-Rives. C'était un immense rougeoiement que les arbres ne parvenaient pas à cacher. Enserrée par les montagnes noires, la cité en ruines était pareille au creuset d'une forge. La chaleur était si forte qu'elle nous parvenait au visage en bouffées âcres.

À côté de moi se tenait Paul, pétrifié.

– Elle a foutu le feu, elle a foutu le feu…, répétait-il d'une voix atone.

– Avec la cuve à essence qu'était restée, disait Louis.

Et j'entendis Muriel qui murmurait :

– La pauvrette…

Je compris.

– C'est de ma faute ! hurlai-je. Ma faute ! Je n'aurais pas dû y aller. C'est parce qu'elle m'a vu ! Elle a compris que Romain ne viendrait jamais !

Elle était venue comme tous les ans, tous les 11 juillet depuis trente-trois ans. Et pendant ces trente-trois ans elle s'était habituée – la folie porte de ces mystères – à se retrouver seule sur le pont. Chaque fois, elle avait de nouveau une année devant elle à pouvoir orner de rubans rouges, frêles et vifs comme l'espoir, les sentes de son domaine, et entretenir les sanctuaires de ses amours.

Au feu par lequel on avait détruit sa cabane, à ma présence et à ma voix ce soir qui avaient détruit son monde, elle avait répondu par le feu.

– Ma faute !

Fou de douleur, je m'élançai vers le sentier.

Une main se referma sur mon bras, une main terrible de force mais qui tremblait.

– Laisse.

Je me retournai, prêt à me battre. Le regard sans couleur de Romain me suppliait.

– Laisse, répéta-t-il. N'y va pas.

– Mais il faut la sauver !

– Tu y resterais ! Et tu ne la trouveras pas. Soit elle est partie ailleurs, soit…

Nous sommes demeurés face à face, nous

deux, les amoureux de Marianne, qui l'avions aimée à trente-trois ans d'écart, mal pour l'un ; en silence, en secret, en distance, pour l'autre – mal, aussi ?

La vallée morte s'embrasait.

Dans les yeux de Romain, l'incendie révélait enfin une couleur, la plus terne : celle du renoncement et de l'abdication de toute une vie.

Une présence dans le coin de mon champ de vision me fit tourner la tête. Alors je vis s'approcher de nous un vieillard, droit, hautain même s'il s'aidait d'une canne.

Je l'avais devant moi, le père de Romain, et le reconnus. C'était le troisième du nom, qu'on aurait pu croire descendu de son portrait sinistre avec son costume élégant et noir.

Il avait les mêmes yeux que son fils, liquides et clairs. Et ces yeux contemplaient la vallée rougeoyante avec la fièvre que procure une ultime victoire.